取材班がこっそり掴んだ！
最速で結果を出す人の秘密の習慣

㊙情報取材班［編］

青春新書
PLAYBOOKS

はじめに――結果を出す人の習慣には理由がある

成功を収めてきた人たちの中には、変わった習慣を持つ人々もいる。

たとえば、アップルの故スティーブ・ジョブズや、フェイスブックのマーク・ザッカーバーグが、いつも同じ服を着ているのはなぜなのか？

仕事で成功を収めた人たちは、なぜみな早起きなのか？

成功した今でも、危険な冒険を続けるのはどうしてなのか？

そんな疑問に応えるべく、われわれ取材班は、ビジネスの世界で成功を納めている人たちに話を聞いてみた。

その結果、明らかになってきたのは、ビジネスで成功を収めた人たちの習慣、考え方、行動パターンが、驚くほど共通しているということである。もちろん、変わった習慣にもワケがある。その秘密を紐解いていくと、彼らが仕事で結果を出してきた理由もわかるはずだ。

もし、あなたが仕事で成果をあげる人間になりたいと考えているなら、彼らが日々行っていることはとても参考になるだろう。むずかしいものではない。どれもごくシンプルな習慣であり、考え方であり、行動パターンである。

シンプルではあるが、彼らが長年続けてきたということは、その習慣や思考、行動パターンは仕事に好影響を及ぼしているということだ。もう少し踏み込んで言えば、その習慣があるからこそ、素晴らしい成果をあげることができたのではないか。

ためしに、できるところからいくつか日々の習慣に取り入れてみてほしい。少し時間はかかるかもしれないが、シンプルな習慣があなたの仕事の進み具合に、同僚の反応に、さらには仕事に向き合う姿勢にちょっとした変化をもたらしていることに気がつくだろう。

そのうちに仕事に手応えを感じ始めたら、もうしめたものだ。仕事で成功を収めてきた人たちの習慣が、あなたの習慣になっている。あなた自身が、結果を出せる人に変わりつつあるということだ。

結果が出るのは、もう時間の問題だろう。

㊙情報取材班

目次

最速で結果を出す人の秘密の習慣

第1章 最速で結果を出す人は、何が違うのか？

第2章 ケタ違いの成長には〝仕掛け〟がある

第3章

「朝の習慣」を変えると自動的に成果が変わる

第4章 一流が見えないところで続けている「小さな習慣」

第5章

生産性が高い人は〝ひとり〟で戦わない

第6章 カリスマ経営者が続けてきた成功へと導く習慣とは？

第1章

最速で結果を出す人は、何が違うのか？

すべてにおいて超・即レス

「じっくりと検討してみます。熟考してから結論を出しますなんて言う人で、仕事のできるヤツを見たことがない。そんな人間にかぎって、出す答えは長時間考え抜いてそれなのというような残念なものばかり」

人材育成の能力開発ビジネスを手掛けるY氏の口調は厳しい。

「仕事のできる人間は、決断するのが早い。決断ばかりではなく、どんなことにおいてもレスポンスが早いものだ」とY氏。

仕事ができる人間はレスポンスが早いとはよく言われていることだ。依頼の返事にしても、メールにしても、また仕事のできあがりにしてもことごとく早い。レスポンスが早い人はマメだなとは思うが、なぜ仕事もよくできるのだろうか。

Y氏によると、レスポンスの早さには、仕事で結果を出すために必要な要素が詰まっているという。

たとえば、打ち合わせの日程をすりあわせたいとき。レスポンスの早い人は、その場で「○日と○日は午前、○日は終日ＯＫ」と都合がつく日程まで出してくる。なぜ、こんな素早く反応できるかといえば、スケジュール管理がしっかりしているからだ。抱えている案件をしっかりと把握しているからこそ、上司やクライアントから突然打ち合わせや仕事を打診されても、すぐに返答することができるのである。

また、期日をしっかり把握しているのもレスポンスの早い人の特徴だ。この仕事はいつまでに終わらせる、いつまでに仕上げなければならないと頭に入っているので、取り掛かるタイミングを心得ている。そのため、どんな物事にも迅速に対応できるのである。

現代において、レスポンスの速さを見きわめる指標となっているのは、メールへの返信だ。Ｙ氏は言う。

「グーグルの創始者のひとりエリック・シュミットは、著書の中で、**とびきり優秀で、とびきり忙しい人は、たいていメールへの反応が早い**と述べている。なぜ優秀な人ほどメールの返信が早いのか。それは、コミュニケーションの好循環をもたらすからだ」

とても忙しいはずなのに、こちらが送ったメールにすぐ返信してもらうと、相手の誠意を感じるだろう。敬意を払ってもらっているようで、好印象を抱く。そこに信頼関係が生まれるのである。

にもかかわらず、「多くの人はメールを軽視している」とシュミット氏は指摘する。たかがメールと「返信しなかったり、何日もたってから返信するような人は、次第に信頼を失い、チャンスを逸する」ことになるというのである。

何事にもスピードが求められる時代、レスポンスの速さはとても重要である。レスポンスを意識するなら、まずはメールの即返信を心がけてみてはいかがだろうか。

「期日の1日前」を期日にする

N君は入社2年目の若手社員だが、将来独立して起業することを夢見て、起業塾に通っている。起業家マインドを身につけるためだ。

起業塾の講師W氏が塾生たちにまず教えるのは、「スピード」だという。

「昔は、仕事に求められるものは、速さよりも正確性でした。きっちりと仕上げるために多少遅くなっても許されたのです。でも、今はドッグイヤーならぬマウスイヤー、何より速さが求められます」

拙速という言葉があるように、以前は「速い」ことは「拙い」出来であることを意味した。いいものは時間をかけてじっくりと仕上げなければならないと思われていたのである。

しかし、状況がめまぐるしく変化する現代において、そんな悠長なことは言っていられない。スピードがなければ、状況に対応することができないのだ。

もちろん、早ければ出来が拙くてもいいというわけではない。正確性や完成度も同時に求められる。何度もやり直していては、トータルとしての仕事が遅くなってしまうからだ。

「起業家にとっても、組織の中で働くビジネスパーソンにとっても、スピード感はとても大事です。環境も相手も待ってはくれませんから」

スピード感を養うために、あらゆる行動に期日を設定することをW氏は塾生たちに課している。

「明日までに絶対終わらせる」「○月○日までに完成させる」というようにタイムリミットを設定して、その期間内に必ず終わらせるようにする。また、メールはすぐに返答する習慣をつけ、頼まれごとは翌日には回答するようにするとスピード感は高まる。

さらに、上司や先輩から期日指定のある仕事を課されたときは、締め切りより前に提出することを心がけてみよう。たとえば、「○日までに報告書をあげてくれ」と言われたら、その1日前に提出するのだ。

現代においてスピードは、仕事ができるという評価につながる。スピードを持った仕事ぶりが認められ、より重要な仕事を任されるようになるかもしれない。

だが、場合によってはスピード対応できないこともあるだろう。急ぎの仕事に追われてメールの返信が遅れたり、突発的な案件が発生してそれに時間をさかなければいけないといったケースだ。

そのようなときは、より高い完成度が求められるということは覚えておいたほうがいいだろう。**メールの返信が遅れてしまったら、丁寧なお詫びに相手が喜びそうな情報を付け加える**など、急いで対応できなかったことへの謝罪の姿勢を見せる。

また、やむを得ない事情で頼まれていた仕事が遅れてしまったら、より密度の高い情報を正確性を持って提供する心構えでいたい。スピードという付加価値を見せられない分、完成度という付加価値で代替するのである。

「しつこいまでのこだわり」だけは誰にも負けない

中国で起業して成功した中国人経営者Ａ氏をつれて東京を案内したとき、そのタフなビジネス感覚に驚かされた。どんな店に入っても、とにかく値切るのである。

大学時代、日本に留学していたＡ氏が、流ちょうな日本語で「これ、もう少し安くならないか？」とたずねると、店主は「いや、うちは値切りはやらないんで」と答える。しかし、Ａ氏は引き下がらない。

「そうですか。でも、３個買うよ。３個買うなら多少安くなるでしょ」

こんなやりとりがどの店でもはじまるのである。

やはり中国の商売人、どんな場面でもタフな交渉をするのだなと感心していたが、さすがにスーパーで値切ろうとしたときには、「Ａさん、スーパーでは値切れませんよ」と忠告した。

「そうなんですか」とがっかりした様子のA氏だったが、すぐに「あなた、確かめたことはありますか?」とたずねてきた。

「い、いや、ないですけど……」

「どうして、やってみないのですか? もしかしたら、値引きしてくれるかもしれないじゃないですか」

そう言われて、ハッと気がついた。これこそ、彼がビジネスで成功をおさめた資質なのである。

「私、しつこい。でも、しつこい、ビジネスでは大切です。しつこいは、あきらめないに通じる。どんなビジネスでも、ピンチはいつかやってくる。そのとき、しつこさ、あきらめない気持ちがものをいいます。最後まであきらめない人が、難局を乗り切ることができるんです」とA氏は言った。

A氏のように、ビジネスで成功するのは、「ちょっとやりすぎなんじゃない」と他人が思うほど、しつこく何かにこだわる人に多い。

このしつこいこだわりが重要なのである。人が、「これは、もうここまででしょ」と思っても、さらに突き詰めてやり続ける。そういう姿勢がブレイクスルーを生み出すのではないだろうか。

何かを達成しようとする徹底したこだわり、しつこくあきらめない気持ち――それは優秀なビジネスマンになるための大切な行動原理のひとつなのである。

読書の「活かし方」を知っている

多くの著名事業家が毎日行っている習慣の一つとしてあげるのが、読書だ。

有名な投資家ウォーレン・バフェットは、毎日５紙の新聞と５００ページに及ぶ企業報告書を５～６時間かけて目を通しているという。

フェイスブック創業者のマーク・ザッカーバーグは２週に１冊のペースで本を読み、マイクロソフトのビル・ゲイツは年間最低50冊は読破するといわれている。彼らは、毎日最低でも１時間は読書の時間にあてているというのだ。

こうした著名事業家と交流があるアメリカの投資家は、事業家の読書について次のように述べている。

「偉大な創業者は神格化され、彼らの成功ストーリーは不屈のチャレンジ精神と先見性ばかりに焦点があてられますが、実際に彼らと接してみると、企業経営について百科事典並みに詳しい知識を持っていることに驚かされます。つまり、彼らはノウハウとスキルを学習しているのです。彼らは学習のための時間を確保し、日々努力を怠っていません。彼らが大量の本を読んでいることは驚くに値しません。彼らはノウハウとスキルを身につけることの重要性を理解しているからこそ、本を読んで知識を吸収しようとしているのです。彼らにとって新しい戦略を練るのと同様、読書も大切な仕事だということです」

日本の経営者にも、読書を好んでいる人は多い。ソフトバンクの孫正義氏が愛読しているのは司馬遼太郎の『竜馬がゆく』で、坂本龍馬の行動に刺激を受けて単身海外に渡った話は有名だ。ファーストリテイリングの柳井正氏の愛読書は、辣腕経営者ハロルド・ジェニーンが著した『プロフェッショナルマネジャー』だという。

「経営者に読書家が多いのは当然です。読書は経営センスを磨いてくれるからです」

と言うのは、ビジネスコンサルタントのK氏だ。

「読書は知識を得ることができると同時に、考えを広げ、誘発してくれる最高の思考装置なんです。さまざまな事実に触れ、考え方を知ると、それに触発されて自身の思考も活発になり、多面的に思考することができるようになります。臨機応変な対応が求められる現代の経営センスに、多面的思考は欠かせません」

多面的思考を養成するには、どんなジャンルの本を読めばいいのだろうか？

「経営者が日々目を通しているのは、圧倒的に専門書やビジネス書が多いでしょう。必要な知識を得るためです。また、歴史書や時代小説を愛読している人も多い。かつての英雄たちが乗り越えてきた試練や、孤独の中で決断を迫られる場面に自分を重ね合わせて、迷ったときの指針にしているのでしょう。専門書やビジネス書は必要に迫られて読まなければならないことが多いのでしょうが、多面的な思考を獲得するという意味では、特定の分野に偏らずにさまざまなジャンルの本を読むことをおすすめします」とK氏。

読書を習慣として続けるコツは、**最後まで読み通すことにこだわらない**ことだという。必要な部分にだけ目を通したり、役に立たない、おもしろくないと感じたら、そこで放り投げてしまうのもアリ。つまらない本を苦労して最後まで読み通すより、興味を感じたもの、おもしろそうだと思った本を読むほうが、よほど得られるものは大きい。

さて、みなさんは、今月何冊の本を読んだであろうか？

自分の可能性を信じ切る

ある調査によると、独立して成功した人の9割近くが、「自分の可能性や運を信じている」という。たしかに、自分は成功すると信じていなければ、起業や独立などしようとは思わないだろう。

「自分の可能性を信じていなければ、ビジネスで成功などできるはずがない」

経営コンサルタントのS氏もそう言う。数々のプロジェクトにたずさわり、多数の企業のリーダーに接してきたコンサルタントの言葉だけに非常に重い。

「それは起業でも、組織の中で働いていても同じこと」とS氏。

その理由は簡単だ。自分の可能性を信じている人と信じていない人がいるとして、どちらが自分の仕事に力を入れ、努力するだろうか。言うまでもなく、可能性を信じている人のほうだろう。

自分の可能性を信じている人は、たとえ一時ピンチに陥ったとしても、「自分は必ず乗り越えられるはず」とあきらめず、なんとか挽回しようと努力する。その努力が実り、苦しいときを乗り越えて、成果をあげるのである。たとえ、そこで結果が出なかったとしても、「次のチャンスは必ずある」と信じ、くさることはない。

だが、自分の可能性を信じられない人は、ちょっと苦しくなると、「ああ、ダメかも」とすぐにあきらめてしまい、努力することを放棄してしまう。そして、こう言うのだ。「やっぱり自分にはムリだったんだ」と。

多くの人が可能性を発揮できないのは、自分の能力はそれほど高くない、すごいことなどできるわけがないと思い込んでいるからだ。そんな思い込みをしていると、努力も中途半端なものになり、行動も広がらない。結果として、あげる成果も限られたものになってしまう。

「仕事ができる人は自分を信じている。もっとできる、もっとやれると思っている。そういう思いがあるから、自分のもてる可能性をフルに発揮できるし、可能性自体も広げていける」

とＳ氏は言うが、「ただし」とひとこと付け加えた。

「自分の可能性は信じているが、運がいいとは思っていない。というより、運がいい悪いなんて考えていないと言ったほうがいいかもしれない。運みたいな不確定要素に頼ろうとしていないんだ。運がいいから結果が出るのではなく、自分の努力の量によって結果を出すという意識だね」

仕事で失敗したとき、ミスをしたとき、「ついてないな」と思うか、「努力がまだまだ足りないな」と思うか。結果を出せる人と出せない人の違いは、そこにある。

「味方づくり」がうまい

「仕事のできる人っていうのは、個の力がすごいんだと思っていたんですけど、それだけではないんですね」

そう言うのは、入社2年目のS君。彼は上昇志向が強く、ゆくゆくは起業して独立したいと考えている。現在はそのために力をつける時期と覚悟を決めて、仕事にまい進しているのである。

そんな彼がお手本として目標にしているのが、直属の上司であるW課長だ。将来の幹部候補と社内の誰もが一目置く存在で、抜きんでた成果をあげている。

「Wさんは、たしかに個の力も強いんだけど、なんていうか、周りを巻き込む力が大きいんですよ。ぼくら部下をうまく乗せてチームのパワーを高めてくれますし、外部の協力者も多い。ひとことで言えば、Wさんの応援団がたくさんいるんです。そんな応援団の存在がWさんの力を2倍3倍にしているというのがよくわかります」

S君が言うように、応援団がたくさんいるのは、仕事ができる人の条件のひとつだ。

多くの場合、仕事というのは単独プレーではなくチームプレーである。いくら個の力がすぐれていようと、チームとしてうまく機能しなければ大きな成果をあげることはできない。

また、チームだけではなく、社内外の部外者の協力も必要だろう。たとえば、取引先と良好な関係を築いていなければ大きなビジネスは成立しないし、社内の別部署との連携がうまくとれていれば、迅速かつ的確な攻めの営業も可能になる。

そういう自分に関わる人々が、自分のファンとなって応援してくれるなら、自分がもつ以上の力を発揮できるのは間違いない。

つまり、**仕事ができる人、最速で結果を出す人は、周りを惹きつけ、巻き込んでいく高いコミュニケーション能力を身につけているのである。**

では、そんな高度なコミュニケーション能力を身につけるにはどうすればいいのか。S君憧れのW課長に話を聞いてみよう。どうしたら、周りが応援してくるようになるのだろうか?

「当たり前のことですけど、人に対して誠実であるということかな。約束は守る、信義を重んじる、あとは相手の役に立つことをするということですよ。ビジネスはギブ・アンド・テイクですから、こちらが相手の利を与えれば、お返しをしてくれることが多い。その積み重ねじゃないですかね」

ということは、そんな当たり前のことができていない人が多いということですか?

「人のことはよくわからないけど、結果を出すのは〈自分の力〉だけじゃなく、〈自分+周りの人の力〉だと思っている人は、周囲を大事にするんじゃないですかね。そういう人は、不必要に偉ぶらないし、傲慢な態度もとらない。もちろん、強いリーダーシップを発揮しなければならない局面はありますが、そんなときでも相手の立場を尊重する姿勢に変わりはない。そんな気がします」

さて、あなたはいざというとき、自分を応援してくれる人が、周りに何人いるだろうか？

ムダに不安がらない

飲食業界で成功を収めているＳ氏は、部下の独立を積極的に後押ししている。自らが学んできたビジネスを成功させるためのポイントを惜しげもなく明かすほど、独立者を強力にバックアップしているのだ。

なぜ、独立を後押しするのか。できる部下が出て行ってしまうのは、自分のビジネスにとって痛手ではないのか。そう問うと、こんな答えが返ってきた。

「独立して成功する人間がたくさんいれば、自分もここで成功のチャンスをつかみたいというアグレッシブな人間が寄ってくるんですよ。そこに新陳代謝が生まれ、組織が活性化していく。うちにとっても、いいことなんです」

誰でも独立させているのですか？

「いや、そこは厳しく査定しています。やはり、それなりのレベルに達していないと、独立しても失敗する確率が高くなりますからね。それは本人にとってもかわいそうなことでしょう。飲食店ですから、料理の味や見た目、従業員の接客態度をきちんと指導できているか、店の運営を的確に行えているかなど、いくつものチェックポイントをクリアしなければなりません」

早い段階で独立できる人は、他の人と違いますか？

「そうですね、一番重要なのは意識ではないでしょうか。独立して成功する人は意識が違います。それは組織の中で成果をあげていく人も同じことでしょう」

たとえば、とS氏は例をあげた。**「自分に飲食業は向いているでしょうかなんて聞いてくる人間は、まだちょっと意識が足りないと思いますね」**

向いているか向いていないかは、やってみなければわからない。わからないものを迷っても仕方がない。「向いていようがいまいが、そこでベストを尽くして何かを学び取ってやろうという意識をもつことが大切だ」とS氏は言う。

それに、自分には向いていないのではないかと思っている仕事でも、果敢にチャレンジしてみると、コツやポイントがわかるようになり、スキルアップしていく。自分が上達していく実感がもてると、その仕事に対する思いは大きく変わっていくという。

「小さな成功体験を積んでいくと、仕事って面白くなるんですよ。だから、とにかく一生懸命チャレンジしてみる。そういう意識をもっている人は、大きく伸びると思いますし、成長のスピードも速いと思います」とＳ氏。

成果をあげるために大切なのは、向き不向きより前向きな姿勢なのである。

「うまくいったら、どうなるか？」で考える

自己啓発書では、よくポジティブシンキングの重要性が取り上げられる。ポジティブシンキングとは、何か悪いことが起こっても、「いい経験になった」とプラスにとらえることができる考え方のこと。

マイナス思考の人は、何かにつけて「悪い方向に行ったらどうしよう」と心配してしま

う。そんなマイナス思考にとらわれていると、勝負に出るべきところで萎縮して行動を起こすことができず、チャンスをみすみす逃すことになってしまう。

貿易商社で若手のホープと呼び声高いH氏は、かつては超がつくほどのマイナス思考の持ち主だった。

「ああなったらどうしよう、こうなったらどうすればいいのかと悪いほうにばかり考えていました。ちょっと失敗するとすぐに落ち込んで、なかなか立ち直れない。どうひいき目に見ても、仕事のできないダメ社員でしたね」

そんなH氏がマイナス思考から脱却し、ポジティブシンキングに変わったのはどういうわけか。

「じつは、取引先のAさんと出会ったことが転機でした。相手先の課長さんなんですけど、とにかく仕事ができる人で、3手先くらいまでの段取りをパンパンつけていくんです。でも、仕事ですからね、トラブルはつきものです。そんなときでも、Aさんは動じることなく笑い飛ばすんです」

Aさんの姿を見ていて、H氏は自分のマイナス思考がいかに馬鹿らしいことか気づいたという。

心配しようがどうしようが、起こってしまったトラブルや失敗をなかったことにはできない。大切なのは、その後の対処だ。H氏はトラブルが発生すると、さらなる問題が出てくることにおびえ、気分が沈んでいた。ところが、Aさんは暗くなるどころかいつもより元気に問題の対処にあたっていた。

「Aさんはすごいですね」とH氏が声をかけると、Aさんは笑いながら言った。

「起きたことは変わらない。なら、落ち込んでもしょうがないじゃない。それに暗くなると、思考まで停滞しちゃうよ。何事もなるようになるさ」

どんなに仕事のできる人でも、失敗やトラブルから逃れることはできない。誰でも、ピンチに陥ることはあるのだ。

だが、できる人とできない人は、そこからが違う。**できる人は、マイナス思考が問題解決につながらないばかりか、思考停滞をもたらすことを知っている。**だから、「これを乗り切れば、もっと大きくなれる」とプラスの方向に考えるのである。

「それにさ、ちょっと何かあるとすぐ暗くなる人間に、重要な案件をまかせようと思う？心配性は損だよ」

Aさんの一言に、H氏は吹っ切れたのである。

決めたら、「今」とりかかる

某大学の経営学部でベンチャービジネスについての講義をもつK教授は、仕事で成功を収める人と、そうでない人は行動がまったく違うという。

「成功する人は、やりたいことがあったら、今日すぐに始める。**いつかやると言っている人は、残念ながら行動に起こすことはない**」

つまり、即行動を起こすかどうかが、成功のキーポイントになるというのだ。

「最近は、自己啓発本やビジネス書が普及したこともあり、成功するにはこれが必要だ、あれが必要だ、こんなタイプが成功者に多いなど、理屈はたくさん知っています。そのためか、あんなことやってちゃダメだとか、こういうことをしなければならないと理論先行、口先先行です。でも、本当に成功する人、仕事で結果を残す人というのは、理論よりもまず行動、先に走りはじめてしまうものなのです」

たしかに、世の中で成功を収めてきた人たちは、とにかく行動を起こしてきた人たちだ。ときには、周囲の人間がこぞって反対することでさえ押し切って行動に移す。

それで失敗することがあっても、実体験として教訓を積み、行動の中から学んでいくのである。

「すぐにとりかかる者が仕事ができるのは当然のことでしょう」と言うのは、多くの経営者やビジネスリーダーを見てきた経営コンサルタントのS氏。

すぐにとりかかる人は、時間的余裕があるから納期をきちんと守ることができるし、一つひとつのタスクの完成度を高めることができる。逆に、すぐにとりかからない人は、ひとつのタスクを終えるのに時間がかかり、どんどん後ろ倒しになって時間的余裕がなくなり、やっつけ仕事になりがちだ。

「要するに、すぐにとりかかる人のほうが圧倒的に生産性が高いんですよ」とS氏。

あなたは、書類や企画などを催促されないと提出しない、回覧しなければならないものを机上に置きっぱなし、返信しなければならないメールを放置、などしていないだろうか。

また、成果をあげるために必要な能力はあれとこれだ、成功するにはこんな人でなければいけないと理屈ばかり口にする評論家になっていないだろうか。

仕事のできる人間になるためにまず必要なのは行動することであって、理論をため込むことではない。今できることはすぐにとりかかり、片づけていくべきだろう。

行動すれば、物事は必ず動いていく。しかし、行動を起こさなければ、何も動かず、何も変わらないのだ。

「3年先」を考えている

目の前にある仕事をこなすことに手いっぱいで、追い立てられるように過ごしていないだろうか？　毎日同じことを繰り返しているようで、「こんなはずじゃなかった。やりたい仕事ができない」とぼやきの一つも口をついて出てくる。

その一方で、さっそうと仕事をこなしている同僚がいる。仕事量はそれほど変わらないはずなのに、涼しい顔で忙しそうなそぶりを見せない。

「花形部署にいるあいつは運がいいよな。オレだって花形部署にいれば、さっそうと仕事をしているよ」とやっかみがこみ上げてくるが、果たしてそうだろうか？

ＩＴ企業でトップ営業マンとして活躍し、同じ会社で開発者として働いていた同僚と起業したT氏は、仕事にふりまわされるか、それとも仕事を手の内に入れるかは、「キャリア・ビジョンを持っているかどうかで決まる」と言う。

キャリア・ビジョンとは、こうなりたい、こういうことをしたいという中長期の目標のこと。たとえば、「3年後には課長になり、ゆくゆくは経営トップをめざすぞ」というのもそうだし、「自分がリーダーとなって、斬新なゲーム開発をしたい」という目標を定めるのもありだ。あるいは、T氏のように独立して、「自分の会社を興したい」というのも、立派なキャリア・ビジョンといえる。

「将来、自分がどういうことをしていたいか、そのイメージを具体的に持っているかどうかで、日々の仕事に対する向き合い方が変わってきます。ただ生活のため、お金を稼ぐためだけに仕事をしていれば、つらいと感じることも多いでしょう。

でも、キャリア・ビジョンを持つと、毎日自分が行っている仕事が将来の目標につながっていきます。いまの仕事が自分の目指すものに役立つと思えば、そのスキルを高めることに喜びを感じるでしょうし、直接役立たないことでもどうにかして関連付けることはできないものかと知恵をめぐらせます。それは仕事に創意工夫をこらすことになり、ただのやっつけ仕事ではなくなります。いずれにしても、毎日の仕事に意味が生まれ、モチベーションも高まっていくのです」

そうT氏は言う。

イキイキと仕事をしている人は、仕事を生活の糧としてではなく、自己実現や自己成長の場としてとらえている。しっかりとしたキャリア・ビジョンを持って、自分の将来像を描いているからこそ、多少厳しい環境やつらい作業でも、「これが目標の実現につながっていくんだ」と思い、受け身ではなく、攻めの姿勢で仕事に向き合うことができるのだ。

「仕事ができるできないというのは、持っている性質やスキルの高低ではなく、意識の違いが大きいと思います。

どうせ仕事をやらなければいけないのなら、仕事をもっと面白くするためにも、また成果をあげられる人材になるためにも、自分のキャリア・ビジョンをしっかり作り上げたほうがいいと思いますよ」

T氏は、そうアドバイスしてくれた。

完璧な結果を目標にしない

完璧主義者ほど完璧な仕事ができないと言ったら驚くだろうか？

一般的に完璧主義者というと、ハイレベルな基準を持ち、一切の妥協を排して完璧を追い求める姿を思い描くに違いない。求道者、できる人、プロフェッショナルといったイメージだ。

「しかし、完璧なんてものは存在するのでしょうか。完璧主義者は往々にして重箱の隅をつつくように至らないところを探すようになってしまいます。たいていの場合、どこかに瑕疵はあるものですから、まだダメだということになってしまう。その結果、仕事は遅れ、時間切れでクオリティの低いアウトプットしか出てこないことも多い。本人自身も生きにくさを感じると思いますよ。**プロフェッショナルな仕事人というのは、決して完璧主義者ではなく、いい意味でアバウト人間なんです**」

と言うのは、人材教育企業で社員教育にたずさわってきたN氏である。

N氏によると、完璧主義は2種類あるという。

ひとつは、自分自身に完璧を求めるタイプ。高い理想を持ち、人よりすぐれたものを生み出したいという思いは立派だが、それなりの評価を受けても「いや、まだまだです」と納得しない。小さな不出来が気になって、悩み続ける。

その苦労を突き抜けたとき、ワンランク上の自分に出会えるという人もいるが、完璧主義の人ほどワンランクアップを実感できない。どんな仕事にも上には上があり、完璧なものなど存在しないからである。

「**問題は、そんなことをしているうちにモチベーションが下がってしまうことです。**まだ完全じゃない、自分はダメだと思いながらする仕事はつらいものでしょう。そんなつらさに負けて、これは自分には向いていないと投げ出してしまうんです」

いい意味でアバウトな人は、ちょっと人からほめられるといい気分になり、自分がワンランクアップしたと喜びを感じるという。この喜びが重要で、小さな喜びを積み重ねることで日々の成長を実感することができ、もっといい仕事をしよう、いいものを作り上げようという意欲につながっていくとN氏は述べる。

もうひとつの完璧主義は、他人や環境に完璧を求めるタイプである。

このタイプの完璧主義者は、自分の理想に照らし合わせて他人を評価するので、人に対して厳しくなりがちである。

また、環境が整わない、準備ができていないと、行動を起こさない。すべてが整っていなければ、完璧な結果は得られないと考えているからだ。

しかし、すべてが整うことなど非常にまれで、どこかで不確定なリスクを背負わなければいけないことが普通である。そういう状況でも、行動を起こし、ときに失敗して人は学んでいく。経験を積んでいくことが成長の軌跡であり、うまくいかない事態に直面することで次の課題も見えてくる。完璧主義者は、そんな成長の場を逸しているのである。

「人もモノも状況も完璧なものなどないことを認識し、その中で不完全でありながらも一歩一歩進んでいくことが大切です」とN氏。

決して、高い理想を持つことがいけないというわけでも、いい仕事をしたい、いいモノを作り上げたいという思いがいけないと言っているのでもない。

ハードルを高く掲げすぎると、自分自身をがんじがらめにして身動きができなくなってしまうと言っているのだ。

最速で結果を出す人は、自分にも他人にも環境にも完璧を求めない。完璧主義は自由がなくなることを知っているのだ。それより失敗しても経験値をあげることを優先する。結果的にそのほうが自分の成長をうながすことができるからである。

第2章

ケタ違いの成長には〝仕掛け〟がある

「起業家マインド」が超速・成長のエンジンになる

起業家は、特別な存在だと思っていないだろうか？

組織を飛び出して、自ら事業を立ち上げる決断力。安定した生活に背を向け、リスクを背負う覚悟。厳しい状況の中でもチャレンジする行動力――そんな特別な力を持った人だけが、「起業家マインド」を持って新しい道を切り開いていく。多くの人はこう思っているにちがいない。「組織を出る勇気のない自分とは違う」と。

しかし、ビジネスコンサルタントのK氏は、「それはちょっと違う」と言う。

「ベンチャーを興す人だけが起業家マインドを持っているわけではありません。企業組織の中にいても、その中で自律的に仕事をこなし、成果をあげている人は起業家マインドを持っています」

起業家マインドとは何だろう？

起業家マインドとは、

①目標を自ら定め、
②行うべきことを自分で設定し、
③自ら行動に移していく

ことである。

つまり、与えられた仕事をただ淡々とこなすのではなく、自分で問題意識を持ち、自分で動いていく意識を起業家マインドというのである。もちろん、それにともなって、リスクを査定し、責任を背負うということも必要である。

「組織の中にいて起業家マインドを持っている人は、自分で事業を行っている起業家のように考え、行動しています」

とK氏は言う。

では、起業家マインドを身につけるにはどうすればいいのだろうか？

「起業家の思考や行動から学ぶのがいちばんです。彼らが日頃からどんなことを心がけ、どのように行動しているか。習慣にしていることは何か。それらを知って、マネすることからはじめてみてはどうでしょう？」

起業家マインドを養えば、超速で成長し、成果をあげられる人間になるためのエンジンとなるにちがいない。起業家たちの行動様式を学んでみよう。

「自分で決める」という最高の仕事力トレーニング

起業して経営者となると、命令や指示を出してくれる人間はいない。何事も自分で意思決定しなければならない。もちろん、投資家や尊敬する先輩などからアドバイスをもらうことはあっても、最終的に決めるのは自分だ。会社の方針や上司の指示で動く組織のビジネスマンとは、その点で大きく異なる。

「それは、経営者と雇われの身の大きな差です。決定権を持つ者とそれに従わなければならない者は立場が違うのだから当然のことだと思う人がいるかもしれませんが、これを当然ととらえ、上が決めたことに従っていればいいと思っている人は成長することはできないでしょう」

数々のベンチャー企業を資金面、ノウハウ面でバックアップしているベンチャーキャピタルのマネージャーK氏はそう言う。

「昔は命令を忠実に実行する兵隊のような社員がいればよかった。でももうそんな時代じゃありません。今は付加価値を生み出さなければ生き残れない時代、自分の頭で考え、アイデアや意見をアウトプットできる人材が求められています。出世したいと思っているなら、組織の中にあっても決められる人であるべきです」とK氏。

よく言われていることだが、安定して成長してきた時代には、企業の方針を忠実に実行できる人材が求められてきたし、そのような人材が育成され、評価されてきた。言ってみれば、頭は経営陣がつとめ、社員はその手足となって一律に動けばよかったのである。

しかし、人々の要求は多様化し、他とは違ったもの、付加価値のあるものを求めるようになった。そのような時代にあっては、考えることを上まかせにせず、自分で課題を設定し、それを解決する方策を考え、実行していく人材が必要になってくる。

自分でものを考え、決める習慣を持たない人は、運よく部下を持つ役職についてもすぐに馬脚を露してしまうだろう。今は権限委譲も進んで、課長や部長レベルで決済する事項も増えている。意思決定力はできる社員の必須能力となっているのだ。

では、意思決定力を磨くにはどうすればいいのか？　Ｋ氏は言う。

「何事も上司の立場に立って考えてみる習慣をつけることです。そういう思考を持つと、自分の仕事にもまったく別の風景が見えてくるはずです」

今の状況の中で、自分が課長や部長、さらには社長、投資家だったら、どのような決定を下すか考えてみる。あるいは、上司がなぜこのような指示を出したのか考えてみるのだ。

すると、今まで見えなかったことが見えてきて、理不尽のように思っていた命令の意味が見えてきたり、指示の背景が見えてきたりする。

このように異なる視点を手に入れると、「仕事をやらされている」レベルから、「意味を理解して仕事をする」レベルへとステップアップする。そうなれば、月並みな仕事も自分を成長させる仕事に変わっていくのだ。

ポジティブでなければ、「自分の武器」を生み出せない

起業する人と、しない人には、何か違いがあるのか？

起業した人と起業を考えていない人100人を対象にした調査で興味深いことがわかった。考え方に明確な違いがあったのである。

その違いとは、**起業する人は「できること」を考え、起業しない人は「できないこと」を考える**傾向があるということである。

言葉を換えて言えば、起業する人は変化することに対してドキドキを感じる革新的な性質を持ち、起業しない人は現在の安定を大事にする保守的な性質を持っているといえるかもしれない。

たとえば、これまでやったことがない新しい仕事に対して、保守的な人は「こういうリスクがある」「こうなってしまうと失敗する」というようにマイナス面から見ていく。橋が安全かどうか、渡る前にとことん調べて回り、ちょっとでもヒビがあると渡ろうとしないタイプだ。

一方、変化することに喜びを感じる人は、困難な仕事でも「やってみたい」という思いが先に立つ。「実現したら、こんなメリットが得られる」「こういうことができたら、自分に対する評価も高まる」と思うから、多少の障害や手間がかかろうと実現のために努力する。

起業とは新しい可能性に賭けてみることでもあるから、できることを考える人のほうが起業しやすいのは理解できる。できないことよりできることを考えるのは、まさに起業家マインドの一つといえる。

「ただし、これは起業家になる人だけに求められるものではない。一般のビジネスパーソンにとっても必要な考え方だ」と言うのは、インキュベーターのR氏である。「起業するにしても、企業の中で出世していくにしても、成功する人は何かしら武器となるものを持っています。自分の武器となる長所を見つけ、成長させていくのは、できることを考える思考なのです」

できる人を見ていると、いかに自分が何もできないか思い知らされる。しかし、できないこと、劣っていることを考えていても成長はない。「自分はダメだなあ」という思いが膨らんでいくだけである。

成長する人は、自分のできることに目を向けている。そして、できることに全力を集中しようと思っている。とにかく行動に移すので、その過程で失敗や壁にぶつかっても、それを経験値としてスキルやノウハウを蓄積していく。それが成長を促すのである。

「今月、いくら稼げたか」を意識する

企業に勤めるサラリーマンと起業家の違いは何だろうか？

もっとも大きな違いは、評価と報酬の関係である。

企業でも実績に応じて評価される能力給が浸透しつつあるとはいえ、大半はまだあげた成果に関係なく勤務した時間に応じて給料が支払われている。たとえば、今月の契約件数がゼロだったとしても、少なくとも基本給はもらえるのがサラリーマンである。

しかし、起業家は違う。結果を出して収益をあげなければ、手元に入ってくるお金はゼロである。いくら不眠不休で働き、努力しても成果をあげなければ報酬を得ることはできないのである。

食品会社から独立して、フードコーディネイトの会社を立ち上げたS氏に聞いてみた。

「だから、起業家は徹底的に結果にこだわります。結果を出さなければ、自分の報酬がないのはもちろん、働いてくれている従業員の給料も支払うことができません。私は経営者だからまだいいとしても、私の夢の実現に協力してくれている者にお金で報いることができないのは、経営者として情けない。だから、是が非でも結果を出すことにこだわっているんです」

組織の中にいる人間にとっても、結果にこだわる姿勢を持つことはとても重要なことだ。それは、プロフェッショナルとしての意識をもって仕事にのぞんでいるかということに通じる。

プロフェッショナルであれば、結果がすべてであるのは当然だろう。プロ野球の世界では、いくら練習を一生懸命こなし、血のにじむような努力をしても、結果を残せなければ評価されない。勝てないピッチャー、打てないバッターの年俸は上がらないのである。それどころか、チャンスを与えられて成果をなかなかあげられないようだと簡単に解雇されることもある。

結果を出せないことを人のせいにはできないし、環境のせいにすることもできない。すべては自分の責任であり、それを受け止めなければいけない厳しい世界なのである。

企業としても社員に求めているのは、結果である。結果を出し、成果をあげてくれることを望んでいる。

結果を出すには、個人としての能力を高めていくしかない。企業はチームプレーとはいえ、個人の集まりと考えれば、一人ひとりがスキルアップしていかなければ、チームの成果もあがらないのだ。

再びＳ氏に話を聞こう。

「私は会社勤めしていたときから、独立を目標にしていました。なので、会社は自分の力を高める訓練の場と考えていました。そのために自分に課していたのが、結果にこだわる姿勢です。他人に頼らず、自分の力で問題を打開していくこと。だから営業成績にはめちゃくちゃこだわりましたし、新規顧客開拓でもトップをとることができました。それが結果的に自信につながりましたし、力もついたと思います」

結果にこだわる姿勢が個人のレベルアップを促進する。結果に対して責任を負う意識がない者は、抜きんでた成果をあげることはできないということだ。

ピンチは「意志力」を磨くチャンス

昨年、勤めていた会社を退職し、起業したR氏。彼に起業家マインドとは何かを聞いてみると、「最後までやりきる意志」という答えが返ってきた。

「よほど幸運にめぐまれないと、起業した事業がすぐに軌道に乗ることはありません。起業家仲間にもいろいろ話を聞きましたが、みんな最初はうまくいかず苦労している。思っていたようにシステムが稼働しなかったり、売上げが伸びなかったり、お客さんに認知してもらえなかったり、理由はさまざまですが、最初はピンチの連続になるんです」

そうした苦境を乗り越えるときに問われるのが、「最後までやりきる意志」だという。

「自分がこれをやろうと決断してはじめたことです。とことん最後までやりきるという気持ちがなければ、すぐにモチベーションは萎えてしまうでしょう。いろいろな人を見ていますが、起業して生き残ってきたのは、事業プランの良し悪しやマネジメントの才能もさることながら、結局しつこくあきらめないでやりきった人じゃないかという気がします。それぐらい大切なことだと思いますよ」

R氏はそう言ってくったくなく笑った。

起業の際に限らず、企業経営をしていると必ずピンチに陥るときが来る。翌月の手形が落ちないと不渡りになってしまう、取引先が倒産して売掛金を回収できない、新製品の売上げがなかなか伸びない……など、経営者は試練のかじ取りを迫られるのだ。

そのとき求められるのが、最後までやりきる意志だ。ギリギリまで最悪の事態を回避するためにできる限りのことをする、あるいは事態が好転するように最大限の努力をしようとする意識。試練を乗り越え、成果をあげる人は、必ず持っているものだ。

経営者でなくても、伸びる人間は、やりきる意志を持っている。

「簡単にはあきらめない。ちょっとぐらいしくじってもめげない。そんな意志の強さが必要なんです」

とR氏は言う。彼自身、勤めていたときから、常にそれを意識していたという。決めたことをやり抜くようでなければ、起業してもうまくいくはずはないと考えていた。

だが、「言うは易く行うは難し」である。

最後までやりきろうと考えても、いざ壁にぶつかるとどうしていいかわからなくなる。八方ふさがりになって、「これはあきらめるしかないか」と弱気の虫が出てきてしまう。「ぼくも最初はそうでしたよ」と笑いながらR氏は言う。「本当に腹が据わってやりきろうと思うようになったのは、やはり起業を現実的な視野に入れてからかな。その経験から言うと、組織の中で自分を成長させ、伸びていきたいのなら、この会社はいつでも辞めてやると思って仕事をすることではないでしょうか」

これをやりきることができなければ、この会社を辞めてやる、そういう気概を持って仕事をしろということである。R氏は続ける。

「逆説的なことを言うようですけど、いつでも辞めてやると思って仕事をしているほうが、かえって働きがい、やりがいを感じられるものなんですよ」

〝とびきり優秀な人〟をメンターにする

ビジネスで成功する人は、たいていメンターを持っている。メンターとは、仕事、あるいは人生における助言者、指導者という意味。心から尊敬でき、その人のようになりたいと思える、あなたにとってのアイドル——それがメンターである。

メンターは、必ずしも直接指導を受けている師匠であるとは限らない。心ひそかに尊敬する人をメンターと定め、その人の行動や考え方を学ぶというあり方もあるし、著名な経営者をメンターとして、その人の著書やインタビューなどをむさぼり読んで、成功のエッセンスを探るというやり方もある。

いずれにしても、メンターとなりえるのは、心から信頼することができる人だ。その人のアドバイスなら素直に受け入れることができ、仕事や人生の指針となる存在、目標になるような存在である。

ある起業家は言う。

「じつは、私も某有名起業家に憧れて、自分のメンターにしようと決めたんです。ご丁寧にも本人に『自分のメンターになってください。できれば成功するための助言をしてくださいい』なんて手紙まで出してね。当然、返事がもらえるなんて期待していませんでしたが、返ってきたんですよ、その起業家から返事が」

そこには、こんなことが書かれていた。

あなたのメンターとして選んでもらえて光栄です。成功するための助言がほしいとのことですが、私の助言だけであなたが成功できるとは限りません。

というのも、人生（そこにはビジネスも含まれます）は複雑で、とても一人の体験からすべてを学ぶことはできないからです。ですから、私からの助言としては、**できる限り多くの人から学びなさい**ということです。いろいろな人のいいところや得意分野から学び、それを自分なりにアレンジしてみてください。きっと、あなたにとって役立つものが見つかるはずです。

「返事をもらっただけで舞い上がってしまいましてね、以来このアドバイスを実践しています。すごいと思った人に話を聞き、どんなことをしているのかを調べて、いいと思ったら取り入れています。だから、私のメンターはもう数十人にのぼります」

こんなやり方もある。メンターは一人とは限らない。某起業家が言うように、どんどん複雑化していく社会においては一人の知恵や経験だけでは対処できないことがあるかもしれない。だから、いろいろな人からいいとこどりをしようというわけである。

「一つアドバイスするとしたら、メンターにするならとびきり優秀な人にしたほうがいいということです」とその起業家は言った。

自分よりちょっと優秀な先輩に教えを乞うのと、ものすごく優秀な教授に教えを乞うのでは、どちらのほうがより有意義なアドバイスを得ることができるだろうか。知識も経験も豊富な教授のほうが適切なアドバイスをしてくれる確率が高いことは言うまでもない。それに自分よりちょっと優秀というレベルでは、努力によってすぐ追いついてしまうかもしれない。そんな人のアドバイスを素直に受け入れることができるだろうか。

「やらないこと」を見きわめる

起業家は多忙だ。会社の設立登録をしなければならないし、経理関係の勉強もしなければならない。人を雇う場合は、雇用関係の法律も頭に入れる必要があるし、事務所や備品の手配もしなければならない。とにかく、やらなければならないことがたくさんあるのだ。

しかし、**「あまりに忙しい人は、成功が危うくなってくる」**と言うのは、かつてＩＴ関係の会社を起業したものの、数年で破綻を迎えた元起業家のＩ氏である。

なぜ忙しいと成功できないのか？

「起業するときに忙しくなるのは、ある意味当然です。本当にやることがたくさんありますから。でもね、なんでもかんでも自分でやっていると失敗してしまいますよ。ぼくのように……」

Ｉ氏が危惧しているのはこういうことだ。

起業してもっとも重要なのは、できるだけ早急に売上げをあげることだ。スタートアップ時は資金力が乏しく、いち早くビジネスを軌道に乗せないと運転資金が底をついてしまう。

売上げをたてるためには営業に力を入れなければいけないが、経営者がすべてのことに首を突っ込み関わっていると、肝心の営業活動がおろそかになってくる。

「起業した経営者はあらゆることを把握したくなるもので、できるならそうしたほうがいいのでしょうが、それでも体は一つですし、おのずと限界があります。任せられることは人に任せて、本当にやるべきことに注力すべきでしょう」

言葉を換えて言えば、それは優先順位をきちんと把握しているということだ。

今やらなければいけない最重要課題、ある程度時間をかけていいもの、時間が空いたときに片づければ事足りるものを区分けし、さらに自分が関わらなければいけないものをピックアップして、そうでないものは思い切って人にまかせる。そして、自分は優先順位の高い最重要課題に多くの時間をさくのである。

起業家ばかりでなく、一般のビジネスパーソンにとっても、優先順位の見きわめは必要だろう。

できるビジネスパーソンは多忙なはずだが、あまり周囲に多忙ぶりを見せない。逆に、あまりできない人が「忙しい、忙しい」と額に汗をかきながら、慌てふためいている姿をよく見かけないだろうか？

できるビジネスパーソンが多忙を人に感じさせないのは、仕事に優先順位をつけて整理しているからだ。そのうえで、**人に任せていいものは人に任せ、自分は事後チェックで済ませる。**

できない人は、何でも抱え込んでしまってパニックになり、結局どれも中途半端な結果にしかならないのである。自分の仕事に優先順位をつけるだけでも、仕事の効率は飛躍的に上がる。最速で結果を出す人はみなそうしているはずだ。

「成長できる環境」には共通点がある

「仕事力を上げ、成長したいなら、目的を共有できる意識の高い仲間を作るべきです」

と言うのは、ネット販売の会社を立ち上げ、着実に売上げを伸ばしているT氏だ。

「私はもともと起業しようと思ってはいませんでした。でも、仕事ができる人間になりたくて、起業塾に入ったんです。起業しようと思っている人たちなら、意識も高く、成功する習慣も身についているだろうと……。そういう環境に身を置けば、自分もレベルアップできるのではないか、そう思ったんです」

T氏が考えたとおり、起業塾には大きな野心と挑戦するマインドを持った人たちが集まっていた。意識が高いだけに、勉強にも熱心で、より効率的に仕事をまわしていくノウハウや売上げをたてるためのコツなど、高度なビジネススキルを持つ人も多かった。

T氏にとって幸運だったのは、同じ起業という目的に向かって進む同志ということで塾生たちは連帯意識を持ち、それぞれが持つスキルやノウハウを惜しげもなく公開して、みなで共有しようという雰囲気ができていたことである。

ここで学んだことは、T氏にとって非常に参考になるものばかりであった。会社の同期と飲んでいても、上司や会社の悪口や愚痴話で盛り上がるだけだが、起業塾では、気づいたこと、発見したこと、考えていることをそれぞれが披露しあい、建設的な議論が繰り広げられる。ときに議論が白熱して、熱くなる者もいたが、そこは仲間意識が働いて、議論が終われば、楽しく酒を酌み交わした。

「そんな集団に身を置いたことがなかったので、とても新鮮でした。と同時に、私も何か人生を賭けてやりたくなってしまったんですよ。だって、世の中を変えよう、未来を変えようと本気で信じている連中、それも優秀な連中ばかりが周りにいるんですよ。誰だって、影響を受けてしまうじゃないですか」

T氏は同じ塾生3人と仲良くなり、協力してビジネスを立ち上げる計画を立てた。そして2年後に起業したのである。事業は当初から順調に滑り出し、数年のうちに株式公開することも見据えている。

「もし起業塾に入っていなければ、私はまだ前の会社で黙々と働いていたでしょう。それも悪いことではありませんが、今は夢を持って仕事をすることができています。それに、今の私は以前の私より格段にパワーアップしていると思います。それは、起業する仲間と出会い、刺激され、切磋琢磨することができたからです。その出会いには、本当に感謝しています」

とT氏は言う。

「朱に交われば赤くなる」のことわざのとおり、人は周りにいる人間に大きな影響を受ける。特定の業界にいれば、その業界人らしい雰囲気が身につくものだし、会社のカラーが先進的なものであれば、先進的な考えに染まるものである。

同様に、自分の成長を促したいと考えるのであれば、同じように成長したい、学びたいと考えている人たちが集まるところに身を置くのが一番だ。T氏のように起業塾もいいし、各種の勉強会に顔を出すのでもいいだろう。また、社内から選抜される新規プロジェクトに手を上げるのもいいかもしれない。集まってくるのは、モチベーションを持った者たちである可能性が高いからだ。

大切なのは、それがどのような集まりであれ、刺激を感じる人間が集まっているということ。彼らから感じる刺激こそ、あなたの成長を後押しするカンフル剤なのだ。

自分の市場価値を意識する

起業した経営者は、嫌でも会社の市場価値を意識することになる。

市場価値を意識するというのは、自分たちがどれだけの価値を生んでいるかを考え、マーケットの消費者や投資家からの評価に敏感になるということである。

ビジネス評論家のA氏は、市場価値を意識することの意味をこう述べている。

「実際的な問題として、資金調達や組織防衛のために企業が市場価値を意識するのは当然のことです。市場に自分たちがどう見られているかを知らなければ、有効な対策は打てませんからね」

しかし、市場価値を意識するのは、そのためだけではないという。

目の前の仕事だけに没入して、周りを見ていないと視野狭窄に陥り、自分たちの論理だけで物事を進めていくようになる。マーケットとの乖離である。

いくら自分たちではいい商品、素晴らしいサービスを作り上げたと思っても、市場に評価してもらえなければ報酬を得ることはできない。そのようなズレを起こさないためにも、市場価値を意識するのはとても重要なことなのだ。

これは企業組織だけではなく、個人のビジネスパーソンにも当てはまる。最速で結果を出す人間を目指すのなら、自分の市場価値は常に意識していたほうがいい。

「私は留学したときに自分の市場価値の低さに気づいて愕然としたことがあります」

と言うのは、海外留学を機に独立の意志を固め、起業したF氏だ。

「私が通ったビジネススクールには、日本からも多くのビジネスマンが留学していましたが、その多くが資格をとっていたり、専門知識を猛烈に学習していたんです。私は会社で目の前の仕事に追われていましたから、同年代のできるビジネスマンとの差に驚きました。そして、今自分が職を失ったら、果たして雇ってくれるところはあるだろうかと青ざめたんです。それから身を入れて勉強しましたよ。おかげで専門知識もつき、小さいながらも自分のビジネスを立ち上げることができました」

F氏の言うように、自分の市場価値を知るためにも、同業他社や異業種の同世代がどんな働き方をして、どれほどの報酬を得ているかに関心を持ち、できればいろいろなつながりを広げて情報交換しておいたほうがいいだろう。自分は会社の中でそこそこ評価を受けているつもりでも、他社の同世代と比べると実力の差が大きいことに気づくかもしれない。あるいは逆に、自分のスキルがよそでは大きく評価され、報酬面でも差があることを知るかもしれない。

さらに付け加えると、リストラや企業の突然の破たんが珍しいことではなくなり、終身雇用が崩れてきた現代を生き延びるためにも、自分の市場価値を意識することは必要だ。会社の中にだけ目を向けて仕事をしていると、その会社の論理に同化してしまい、それを変更したり、捨てたりすることが難しくなる。つまり、変わることができなくなってしまうのだ。

自分の市場価値を意識するということは、自分のキャリアデザインを考えるうえで、選択肢を広げてくれるばかりでなく、自分の成長の度合いをはかるものさしともなる。起業家マインドを取り入れて、市場価値というものに目を向けてみよう。

ときにはハッタリをかます

度胸もビジネスで結果を出すためには必要な要素だろう。成功者のエピソードを見ていると、ときにそれは図々しいハッタリとなって表れることもあるようだ。

パソコン創世期の1970年代、はじめてのパソコンと言われるアルテアが開発された。その広告が『ポピュラーサイエンス』という電子機器の専門誌に載ると、ふたりの若者が目を輝かせた。

ふたりはアルテアの開発者に電話をかけ、アルテアにコンピュータの基本言語であるBASICの移植に成功したと告げた。開発者は「もし、それが本当なら契約したい」と申し出た。

しかし、実際にはまだBASICの移植は行われていなかった。アルテアにBASICを移植することにビジネスチャンスがあるかどうか、ハッタリをかまして確認したのであるる。

「契約したい」という反応を得て、これはチャンス到来だと感じたふたりは、それから突貫作業でプログラムを書き、BASICをアルテアに移植した。そして、それを持ってアルテアの開発者のもとを訪れ、契約を勝ち取ったのである。しかも、このとき、ふたりはプログラム自体を売るのではなく、使用料をとる契約を結んだ。

コンピュータ黎明期に、すでにソフトウェアビジネスのキーポイントを見抜いていたふたりこそ、後にマイクロソフトを創業するビル・ゲイツとポール・アレンである。

新しいビジネスの起業家たちは、多かれ少なかれ彼らのような図々しいハッタリをかましたエピソードを持っている。チャンスかどうかを見抜くとき、ここが勝負所と見きわめたとき、ハッタリをかますのである。

世界のホンダを生み出した本田宗一郎氏は、まだ浜松のバイク工場を営んでいるときに、世界へ打って出ると大見得を切った。本田氏の頭の中では、その青写真はたしかにあったのかもしれないが、これも一種のハッタリだと言っていいだろう。

抜きんでる人は、これくらいのハッタリは当たり前のようにかますのである。

結果を出す人間になりたいと思うなら、あなたもハッタリをかましてみてはどうだろう。

ハッタリをかませるほど、スキルも度量もないという声が聞こえてきそうだが、本田宗一郎氏のように、「きっとこういうふうになるんだ」と周りに宣言してみてはどうだろうか。あの本田氏の言葉でさえ、従業員たちは信じていなかったというから、あなたのハッタリなど失笑を買うことになるかもしれない。

でも、仕事で成果をあげるには、そんなことを気にしないほどの図々しさと度胸が求められるのも、一面の真実である。

第3章

「朝の習慣」を変えると自動的に成果が変わる

成功する人に早寝早起きが多いのはなぜか？

ビジネスの世界で成功を収めている人たちには、早起きが多いことはよく知られている。だが、早寝の人も多いというのはご存じだろうか？

たとえば、**アップルCEOのティム・クックの就寝時間は21時半、アマゾンCEOのジェフ・ベゾスは22時、ヴァージングループ会長のリチャード・ブランソンは24時には床に就くという。**

彼らは早朝の4時、5時には起床している。当たり前のことだが、早起きして、なおかつ睡眠時間を確保するには早く寝るしかない。早起きするために、彼らは早寝しているのだ。

早く寝るためには、仕事を早く終わらせ、夜のつきあいを断らなければならない。これだけでも1日の時間の使い方は効率的になるはずだが、早寝早起きする理由はそれだけではない。最新の脳科学の研究では、早寝早起きは、脳をもっともリフレッシュした状態で働かせることができることがわかってきたのである。

人が眠っている間も脳は動き続けていることはよく知られている。夢を見るのも、睡眠時の脳が活動しているからだ。実は睡眠時、脳はその日の出来事を整理し、圧縮して記憶領域に格納する作業を行っていることが脳科学の研究からわかってきた。コンピュータがハードディスクの容量を効率よく使うために、データを圧縮して保存するように、脳も効率的に使用するためのメンテナンスを行っているのである。

また、血流の調整や体のゆがみのチェックなど、身体的なチェックも睡眠時に行われる。この心身のメンテナンスが行われるのが、深夜22時から午前2時の間だという。この時間に睡眠をとることで、心身のメンテナンスがしっかりと行われ、脳はリフレッシュされる。

成功を収めた経営者たちは、偉くなったから早寝早起きになったわけではない。日々の習慣として、長年続けていると述べている。彼らは、体験的に早寝早起きが頭をリフレッシュさせ、仕事に全力で向かえることを知っているのだ。

前日のアルコールが残って、頭に靄がかかっているような状態で正常な判断が下せるはずがない。寝不足の状態で、深い思考ができるわけがない。毎日、脳をリフレッシュすることが、パフォーマンスを最大限に引き出す秘訣なのだ。

「早寝早起きすると、朝はゴールデンタイムになります。成功者たちは、そのゴールデンタイムで他の人と差をつけていると言っても過言ではありません。そうでなければ、これほど多くの成功者が朝の時間を大切にしていないでしょう」

海外のセレブや国内の有名経営者を数多く取材してきたジャーナリストのT氏も、早寝早起きと、成功者たちの朝の習慣の関係性を指摘する。

では、仕事で成功を収めてきた人々は、どのように朝の時間を使っているのか。実際に話を聞いてみよう。

「1日の行動計画」を朝に立てるだけで、生産性がガラリと変わる

仕事で結果を出すビジネスパーソンは、早起きして何をするのか？

外資系証券会社に勤めるC氏の起床時間は、早朝4時である。

「うちは朝7時からミーティングが始まりますから6時には出社。必然的に早起きせざるをえません。まあ都心のマンションに暮らしていますので、通勤に時間はとられません。家を出る5時過ぎまでは、野菜ジュースとトーストなどの軽い朝食を食べながら、タブレットでその日のスケジュールを確認します。そして、やらなければならないことをイメージして行動計画を立てます。家を出る頃には、その日1日すべきことがクリアになっていますから、あとはそれを全力で消化していくだけです」

C氏のように、朝一にその日の行動計画を立てるという人は少なくない。仕事ができる人は、明確な目標を立て、その実現に向かって行動を起こしていくタイプが多いので、1日単位でも目標を定め、行動をデザインしていくことが習慣化されているのである。彼らの仕事ぶりがとても効率的なのは、**出社したときには、すでに1日の段取りが頭の中に組み立てられている**からなのだ。

仕事前にやるべきことの優先順位をつけ、行動計画を立てている人とそうでない人の差は大きい。

日中にはさまざまな雑事や予定外の出来事が舞い込んでくる。仕事の優先順位をつけ、計画を立てている人は、ふいに飛び込んで来た仕事でも瞬時にすぐに片づけるべきか、後回しにできるか判断し、行動計画に組み込むことができる。

ところが、行動計画を立てていない行き当たりばったりの人は、ただでさえ1日の仕事を消化するのに手間取っているところに、さらに余計な仕事が増えてパニックを起こしてしまう。その結果、どんどん仕事がずれていき、予定通りに仕事を進めることができなくなる。

早朝に行動計画を立てる人は余裕で仕事を済ませて早々に帰宅の途につき、行き当たりばったりの人は終電近くまで残業を余儀なくされる。

結果を出す人と出せない人の差は、こんなところからついてしまうのだ。

「早朝は、計画を立てるのにぴったりの時間です」と言うのは、大手商社で新規事業立ち上げのリーダーを務めるN氏。「静かな時間に、ひとりでゆっくり考える時間を持つことができます。淹れたてのコーヒーの香りを楽しみながら、今日をどのように組み立てていくか考えるこのひとときが、1日の中でもっとも好きな時間です」

早起きをすれば、こんなゆとりを持って1日をスタートさせることができるのだ。

軽い運動で〝科学的に〟仕事効率を高める

海外のカリスマ経営者たちは、人より早く起きてひと汗かくことが多いようだ。

たとえば、アップルCEOのティム・クックは、午前5時にはジムにいるというし、ヴァージングループのリチャード・ブランソンは、朝食前に泳ぐかカイトサーフィンをやり、その後テニスをするという。ツイッターの創始者ジャック・ドーシーは6マイル走る。ヨガやワークアウトにいそしむ経営者もいる。

日本の経営者はどうだろうか？　若い人の中にはランニングを欠かさないという人もいるが、大手企業の経営者は高齢の人が多く、あまりアグレッシブに体を動かしている人はいないようだ。それでも、飼い犬と散歩したり、スクワットやダンベル運動、体操などを日課にしている人が少なくない。

管理職クラスのビジネスパーソンの中には、トライアスロンの練習として毎日10キロのランニングやボクシングジムでのエクササイズを行っている強者もいる。ランニングや水泳も人気だ。

仕事を始める前に、なぜこうも体を動かすのだろうか？　それも、成功を収めている人ばかり。

「早朝はストレスがなく、さわやかな気持ちで体を動かすことができるからじゃないですか？　健康にいいし、体を鍛えることにもなる」

と、ある若い起業家は言った。彼もジムで毎朝5キロ泳いでから出社するという。

朝の運動を科学的な観点から見てみるとどうなるか。

本格的に仕事にとりかかる前に運動をすると、体内の血流が活発になる。すると脳にも酸素やエネルギーが供給され、脳の活動は活発になる。朝運動を行えば、仕事のとりかかりから頭の冴えた状態で迎えられるというわけだ。

それだけではない。脳への血流の増加は基礎代謝を10％上げるといわれており、ダイエットや体質改善にも期待できる。

朝の運動には、こうしたさまざまな効果がある一方、起きてすぐに運動を始めるのは危険だという指摘もある。

寝起きはまだ体内の血流が少なく、心筋梗塞や脳梗塞のリスクが高まるというのだ。通常、30分くらいで通常状態に戻るというので、コーヒーで一息ついたり、バナナなどを軽く食べてエネルギーを補充してから体を動かすようにしたほうがいい。

いずれにしても、毎日継続的に行われる運動は、体にも脳にもいい刺激を送り込む。簡単なことなので、これを真似しない手はない。

「美しい夜明け」という最高の思考スパイス

「早朝は雑事がなく、人にわずらわされることなく集中できる。こんなときこそ、頭を使うことだ。私は、暗い夜から徐々に光が満ちてくる神秘的時間にビジネスの課題や戦略を練ることが多い。一度やってみるといい。驚くほどクリアに物事を見ることができるよ。早朝こそ、ベストなシンキングタイムだ」

日本と東南アジアを結ぶビジネスで大成功を収めたH氏は、言葉どおり朝起きると書斎の窓から夜が明けるのを眺めながら思索にふけるという。夏の日は、ベランダに出てまだ涼しい風に吹かれながら思いをめぐらすこともある。

H氏のように、早朝の時間を思考にあてる人も少なくない。なかには、早朝にやっかいな仕事、大変な仕事を片付けるという人もいる。朝は前向きな気持ちになりやすいからだ。

なぜ前向きな気持ちになりやすいかというと、ホルモンの分泌に関係がある。人は昼間コルチゾールというホルモンを分泌している。これはさまざまなストレスに対応できるようにするストレス耐性ホルモンとして有名だ。

このホルモンは20時を過ぎると分泌がおさまり、また朝になると分泌が開始される。夜、悩み事を考えだすと、いろいろな心配事や嫌な予感が次々に浮かんできてまんじりともできなくなってしまうことはないだろうか。また、朝起きてみると、昨晩頭を悩ませていた問題がもうどうでもよくなったりしたことはないだろうか。

それは、耐性ホルモンの分泌と関係あるかもしれない。**夜20時を過ぎると耐性ホルモンの分泌はおさまり、ストレスにきわめて弱くなるので、小さな問題でも心配になりやすい。**しかし、朝になるとまた耐性ホルモンの分泌が始まるので、クヨクヨ悩んでいたことが馬鹿らしくなるのである。

この体の働きから考えてみれば、フレッシュな前向きさが戻ってきた朝にやっかいな仕事、大変な仕事を片付けるのは、案外理にかなったことかもしれない。

やっかい事や大変な事は敬遠され、先延ばしにされることが多いが、朝の時間を使うことによって、先送りすることなく処理されていく。だからこそ、仕事で結果を出し続けることができるのではないか。そう思えてくる。

「情報収集タイム」を朝に変えると周りと差がつく

早起きして作った時間を情報処理に充てているビジネスパーソンも多い。まずはメールのチェック。

ビジネスの最前線に立っている人たちは、送られてくるメールもハンパな数ではない。日中の仕事時間は、打ち合わせや会議が目白押しでなかなかメールをチェックする時間をとることがむずかしい。そこで、朝一にまとめてメールをチェックし、必要なものには返信する。

経営者の場合は、社員への指示やメッセージを早朝に送っておくと、出社後すぐのメールチェックで情報が伝わり、伝達事項がスムーズに流れるというメリットもある。

また、ある調査では、**早朝に送ったメールがもっとも返信率が高い**ことが明らかになっている。昼間のメールは受信数が多いのと、時間がないので後回しにされがちだが、早朝メールは朝一に読まれるので返信しやすいのだろう。

メールチェック以外にも、早朝の静かな時間を利用して売上げデータや最近の業界動向の分析など、じっくりとデータ分析を行うことを朝の習慣にしている人もいる。

「一人で集中して考え事ができる時間をまとまって取れるのは、朝だけです。だから、朝はじっくり考えなければならないデータ分析に充てています」

そう言うのは、某流通企業で戦略情報室長を務める〇氏だ。データ分析の他、海外のマーケット動向や経済指標のチェックなども、この時間に行っているという。

「情報に敏感な人はみなやっていることですから、あまり自慢にもなりませんが、情報収集をすばやく的確に行っている人と、やっていない人の差は大きい。数字やネタ元を持っていれば、議論になったときもちゃんと根拠を持って説明できます。結果にも大きく差がつきますよ」とO氏。

「私も朝起きたらネットで情報収集をしています。新聞は電子版を見ています。タブレット一つでかさばりませんし、検索をかけて関連情報をすぐに取り出せるのが利点ですね。また、定点観測しているブログやメールマガジンもチェックします。あなどれませんよ。かなりのポジションにいる人が匿名で鋭い情報分析を行っているものもありますから、一つの事象を多面的に理解するのに本当に役立ちます」

Y氏は、外資系シンクタンクのアナリスト。仕事がら、情報の収集と整理・分析に集中できる朝の時間をフル活用しているという。

経営コンサルタントのM氏も、早起きして情報収集の時間を作っている。

「使い古された言葉ですが、情報は鮮度が命ですからね。いち早く情報を把握しておけば、現場に出てすぐに使うことができます。出社してから悠長に新聞を読んだり、ネットニュースをチェックしたりしている人とは、おのずと差がついてきますよ」

「朝一読書」と「朝一勉強」で1日を変える

「朝一は、絶好の勉強時間です」

こう言い切るのは、おもに中小企業を対象とした経営コンサルタントをしているU氏だ。U氏は、会社員時代、早起きして勉強し、中小企業診断士の資格をとって独立した。**社会人が勉強するなら、早朝に限る**とU氏は断言する。

「夜は残業があったり、断れない飲み会もあってなかなか時間がとれません。また、観たいドラマやバラエティ番組をテレビでやっていて、ついつい誘惑に負けて時間をつぶしてしまうこともある。それに、ラインだのツイッターだのメールだの、夜はよく来ることが多いでしょ？　その点、早朝ならラインやツイッターが入ってくることはまずありませんし、どうしても観たいというテレビ番組もやっていません。勉強に集中できる環境が整っているんですよ」

夜遅くまで受験勉強をやるよりも、早寝早起きして早朝に勉強したほうが能率があがるという研究報告もある。早朝は睡眠時に脳が整理されるので、新しい知識が入りやすいというのだ。

「それに、朝に勉強する習慣がつくと、夜遅くまで酒を飲んだり、ダラダラと残業する機会は確実に減りますよ。睡眠時間も増えて、体調まで良くなりました。働きながら資格を取ろうと思っている人には、早朝勉強がおすすめです」(U氏)

早朝に起きて、読書の時間に充てているという人も少なくないようだ。大手商社で総合職としてビッグプロジェクトのリーダーを任されることもあるA子さんも、早起きして読書の時間を設けている。

「通勤時はラッシュアワーで、とても本を開くどころではありません。夜はいろいろやらなければいけないことが多いですし、まとまった時間がとれるのは朝しかなかったんです。それで1時間早く起きるようにして、ゆったりとくつろぎながら読書をしています」

どんな本を読むのだろうか?

「はじめは、仕事関係のビジネス書が多かったんですけど、最近は仕事関係に限らず、小説や歴史書などにも目を通しますね。とくに、大河ドラマ関係の本は1月中に何冊か読んでおきます。大河ドラマは話題にのぼることも多くて、ちょっとした知識を披露すると感心されたりするんですよ」

月何冊ぐらいのペース？

「だいたい1週間に1冊ぐらいですね。ビジネス関係の本は必要なところだけ速読することもあります」

朝一読書を習慣にして何か変わりましたか？

「ストレス解消になりますし、やはり知識が蓄積されるという実感があります。本から学ぶことは多いですからね。あとしいて言えば、生活リズムが整ってきたことかしら。生活サイクルはとても健康的になりましたよ」

夜、眠気をもよおすために本を開くという人は、早朝に読書してみるとまた違った気づきがあるかもしれない。あれほど退屈だった本が、とてもワクワクする話であることに驚いたり、難解でわからなかった本が、案外スラスラと頭に入ってきたり……。勉強時間の確保に苦労している人は、一度試してみる価値はありそうだ。

日記を、当日の夜ではなく、「翌朝」につける

「日記をつけていますか？」

起業塾の講師W氏は塾生たちに問いかける。

自慢じゃないが、小学生の頃は毎年元日になると「今年こそは日記をつけよう」と思い立ち、まっさらなノートに、今年の目標なんぞ書きはじめるが、4日を過ぎたあたりから、日にちが途切れ途切れになり、15日を過ぎるとページは真っ白なままだ。1カ月も続いたためしがない。

「ビジネスの世界で成功している人は、つけている人が多いですよ」とW氏。

それも、朝につけている人が多いのだという。

日記といえば、夜寝る前に今日1日を振り返って書くのが常識だと思っていたが、どうやらそうではないらしい。

「昨日の出来事――よかったことや反省点など、また今日の目標などを書き込みます。朝に日記をつけるのは、その時間がもっともリラックスしたひとときであると同時に、頭がクリアになっているから。時間が少したっている分、昨日の出来事を冷静に振り返ることができますからね」

なぜ、日記をつけるのか、そのメリットは？

「基本的にビジネスマンですから、備忘録的な役目があります。誰と会ったか、どんな出来事があったか、何を考えたかなど、事実関係を記録しておくと、後で振り返って確認することができますからね」

でも、それだけではないとW氏は言う。日記は、自分を客観視するもっとも簡単なツールだというのだ。

「ビジネスで結果を出すには、自分のこと――何が得意で何が不得意か――を理解していなければなりません。自分のことを客観的に見るには、日記はとても便利なツールです。**彼らが成功できたのも、日記をつけることによって、自分をより客観的にとらえ、もっとも得意な分野で勝負することができたからでしょう**」

たかが日記、されど日記。日記をつけることに、そんな効果があったとは。日記が三日坊主で終わってきた人も、この事実を知れば、続けてみようという気になるのではないだろうか。

瞑想で頭を空っぽにし、いいイメージをインプットする

ここまでご紹介してきたのは、仕事に関わる朝の使い方である。できるビジネスパーソンは、朝の時間を上手に使って、効率的に仕事を組み立てている。それが他の人と差をつける大きな要因になっていることは間違いない。

しかし、彼らが早朝に行っているのは、仕事につながることばかりではない。仕事も含めて生活全体をリフレッシュし、常にイキイキとしていられるように心のケアもしている。

成功者が好んで行っているのは、瞑想だ。

ご存じの方も多いと思うが、瞑想とは、心を静めて無心になったり、深く静かに思いをめぐらせるものである。

宗教から精神医学、あるいは健康法として用いられることもあり、その目的や効果も多岐にわたる。仏教では悟りや解脱につながる修行の一環として行われ、精神医学ではメンタルケアや精神的プロセスを整える方策として、健康法ではリラクゼーションを目的として用いられることが多い。

ビジネスパーソンが瞑想を取り入れる理由はさまざまだが、共通して言われているのが、「心身がリフレッシュして、気持ちが前向きになる」ということである。

外資系金融機関のディーラーであるM氏も瞑想を取り入れている一人だ。

「毎朝30分、座禅を組んで瞑想しています。なるべく何も考えないようにして、宇宙を見るようなかんじで心を落ち着けています。とてもストレスの多い仕事ですが、おかげでリフレッシュできますし、なんだか相場の読みもよくなるような気がしているんです」

一般的に瞑想を行うメリットとしては、次のようなものがあげられる。

●集中力が増す

心配事をいくつも抱えていることが、集中力が散漫になる一つの原因である。雑念を追い払い、心を無にすることで物事に集中する力が上がると言われている。

●ストレスを軽減する

ストレスの原因の多くは人間関係にあると言われる。怒りや妬み、不満、焦りなどのマイナスの感情をリセットすることで、ストレスを減らすことができる。

●脳が活性化される

ひらめきや斬新なアイデアは、脳波のアルファ波が優勢になったときに生まれやすい。瞑想をしていると、心が落ち着いてアルファ波が出やすくなり、発想が豊かになると言われる。

●ポジティブな気持ちになれる

多くの人は、まだ起こってもいない未来や、もう変えることのできない過去の出来事に心をとらわれて、不安に駆られたり、ネガティブな想像をしてしまいがち。瞑想はそうしたネガティブ感情を洗い流し、今このときに集中することによってポジティブな気持ちを掘り起こしてくれる。

できるビジネスパーソンがいつもはつらつとしているのは、早朝の瞑想によって心を整えているからかもしれない。早起きが無理だとしても、せめて通勤電車の中で静かに瞑想するよう心掛けてみてはどうだろう。沈んだ表情で出社するあなたが、笑顔で「さあ、今日もがんばろう」と口にするようになれるかも。

朝型人間になるたった1つのコツ

成功者の多くは、早寝早起きの朝型人間であることはわかった。朝の時間が、ゴールデンタイムであることもよくわかった。

しかし、最大の問題は、朝型に切り替えることができるかどうかということだ。これまで深夜まで残業や飲み会を繰り返す夜型の生活をしていて、朝型生活にいきなり変更できるものなのか。

会社勤めのかたわら、日々つづっていたブログが評判を博し、情報コンサルタントとして独立を果たしたT氏は、誰でも朝型に生活スタイルを改めることができるという。

「じつは私も、典型的な夜型人間でした。深夜残業が多く、たまに早く仕事が切りあがると同僚と飲み会。結局毎日終電か、タクシー帰りの生活を送っていました」

当然、朝はつらい。死にそうな顔で出社し、午前中はダラダラと能率の上がらない仕事をしていたという。そんなT氏が一念発起して、朝型にチェンジしたのは、このままでは仕事で結果を出すよりも、仕事にこき使われるだけだと思ったからだ。

T氏がまず改善にとりかかったのは、退社時間を早くすることだった。そのために、残業をしない雰囲気をつくるように努め、上司や同僚と飲みに行く回数を減らした。

「残業って、みんなが残っているので帰りづらいということも多いんですよ。だから私は残業しないと宣言し、白い目でみられながらも、仕事が片付いたらすぐに帰るようにしました。飲みに行くのも極端に減らしました。つきあいの悪いやつと思われてもいいんです。いや、むしろそれが目的でした」

それから、帰宅してからテレビを観るのはやめにしたという。どうしても観たいドラマがあれば、録画して土日に集中的に観る。そうやって、ダラダラと夜更かしする生活を改めていき、朝型へとシフトしていったという。

「朝型に切り替えてから、早めに会社に向かい、近くのスタバでコーヒーとサンドイッチの朝食をとるようになりました。そうすると、スタバにたくさんいるんですよ、仕事のできそうな朝型人間たちが。自分もそんなできる人たちの仲間になったようでとてもうれしかったですね」

実際、T氏の仕事の成績は、朝型に変えてから見ちがえて上がっていったという。

「やはり朝型になると、時間効率がまるで違います。いかに夜型がムダに時間を浪費しているかがよくわかりました」とT氏。

それぞれ人によって置かれている環境が異なるので、誰もがT氏のように朝型にシフトできるわけではないかもしれない。しかし、遅くまで会社に残らなければいけないという思い込みを捨てれば、朝型にチェンジするのは可能だということは多くの人に参考になるにちがいない。

最後に、夜型から朝型に変わる最大のコツを聞いてみた。

「いきなり変えるのではなく、30分ずつ起床時間を早めていくことですね。前日、多少寝るのが遅くても、決めた時間に起きてしまったほうがいい。寝不足で眠いですけど、そうなれば早く寝ようと思いますから、結果的に朝型にシフトしていきますよ」

これほど多くのできるビジネスマンが朝型生活をしているということは、やはりそこにはパフォーマンスを上げる要素があるにちがいない。ためしに、明日いつもより30分早く起きてみてはどうだろう？

第4章

一流が見えないところで続けている「小さな習慣」

小さな習慣の積み重ねが大きな差になる

ビジネスで結果を出す人と、なかなか結果が出ない人の差はなんだろう？

たとえば、プロ野球選手を考えてみよう。プロの世界に入ってきた選手は、選ばれし者たちである。高校や大学、社会人の野球チームで厳しい練習を積んできた者たちの中から、とくにすぐれた選手がドラフトで選抜されてプロのチームの一員になる。

当たり前のことだが、特別に野球がうまい選手でなければ、プロの門をくぐることはできない。そして、その中でさらに選抜された者が、1軍に上がり、そこで活躍してレギュラーとなれる。

じつに厳しい世界である。華々しく活躍して、数億円の年俸を手にし、メジャーリーグに渡っていく選手がいる一方で、なかなか芽が出ず、一度も1軍のグラウンドに立つことなくプロの世界から去っていく者もいる。

残酷な現実だが、1軍で活躍できる選手とできない選手は何が違うのだろうか？　もともと持っている素質、才能が違うのか、それとも努力の量が違うのか。

高校野球の指導者だったある人物から、こんな話を聞いたことがある。

「プロの世界でやっていけるかどうかは、だいたいわかりますよ。実力的な部分はもちろんありますけど、それ以外の部分――たとえば、**考え方とか習慣がほかの連中と違うん**です。素質的にはいいものを持っていても、考えがしっかりしていなかったり、いい習慣を持っていない選手は苦労するだろうなと思いますね」

たとえば、レジェンドとなったイチロー選手は小学生のときの卒業文集で、プロ野球選手になることが夢だと述べている。だが、そこに書かれていたのは「なりたいな」「なれたらいいな」という憧憬ではなく、「活躍できるようになるには、練習が必要です。……だから一週間中、友達と遊べる時間は、5時間～6時間のあいだです」「ドラフト入団でけいやく金は、1億円以上が目標です」「ぼくが一流の選手になって試合にでれるようになったら、お世話になった人に招待券をくばって、おうえんしてもらう」というように、具体的な目標とそれを実現するためにしなければいけないことまで書かれている。イチローにとって、プロ野球選手になることはただの憧れではなく、強烈な目標であり、それを実現するためにはいかなる努力も惜しまない決意を小学生の段階から持っていたということだろう。

また、彼はインタビューに答えて、**「高校時代、毎日10分だけ素振りをしました」**と述べている。たった10分？と思う人もいるだろう。しかし、雨が降る日も雪の日も、熱が出ている日も正月もクリスマスも含めて毎日である。

「1年365日、3年続けたそのことで、たった10分がすごい時間に感じ、誰よりも継続したことで強い気持ちが持てるようになりました」

このイチロー選手の言葉から、自分を高める努力を継続して行うことの大切さが伝わってくる。こうした小さなことを積み重ねていくことができるかどうか。高校野球の指導者が言う「ほかの連中と違う」ところとは、まさにこのことなのだ。

「じつは、ビジネスも同じことですよ」と起業塾を主催するM氏は言う。「結果を出すことができる人は、実力をつけるための小さな習慣を積み上げています。たとえて言うなら一夜漬けではなく、毎日の勉強ですね。コツコツと積み上げてきたものは、やがて大きな差となるものですよ」

結果を出す人は、どのような習慣を持っているのか？　どんなことを続けて人に差をつけたのだろうか？　成功した人が継続してきた小さな習慣にフォーカスを当ててみよう。

仕事のできる人は「メモ魔」が多い

広告代理店に勤めるクリエーターのI氏は、自他ともに認めるアイデアマン。彼の企画する広告は斬新で、高い評価を受けている。

どうやったら、そんなに豊富なアイデアが湧き出てくるのかたずねてみた。

「どうやったらと言われてもねえ、でも、ぼくは昔からアイデアマンだったわけじゃないんですよ」とI氏は言う。

突然、アイデアが泉のように湧いてくるようになったとか？

「いえいえ、ある人――この人は、ぼくのメンターというか師匠なんですけど、あることを教えてもらったんですよ」

あることとは何ですか？

「しごく当たり前のことで、言うのもはばかられるんですけど、メモをとることです」

メモをとるって、普通のメモのことですか？

「ええ、そうです。ごく普通にメモをとるということです。あなたは普段、何でもメモしていますか？」

い、いえ、あまりメモはとっていません。

「そうでしょう。案外、メモをとっていない人が多いんですよ。でもね、師匠が言うには、仕事のできる人は必ずメモ魔なんだそうです。それを聞いて、周りを見てみると、たしかに仕事ができる人はみんなメモ魔なんですよ。それで、ぼくもメモすることにしたんです」

じゃあ、そのメモの取り方に秘密があるということですか？

「いえ、いたって普通にメモをとるだけです」

ただ要点をまとめたり、面白そうだと思ったことを書き留めておくだけ？

「そうです。変わったことは何もしていません」

それで、どうしてアイデアが出てくるようになるのか？　I氏の説明はこうだ。

メモをとるのは、それを覚えなくていいようにするため。つまり、脳に記憶させないためにメモをとるのだという。

人の脳は無限のキャパシティを持っているように思われるが、人の意識自体がそのキャパシティを使いこなせない。要するに、あまり記憶を詰め込みすぎると、かえって記憶の引き出しがわからくなってもの忘れがひどくなったり、考えがまとまらなくなったりする。だから、記憶せずにメモに書き留めて、脳の中に空き容量を作るのだという。

「現代は情報過多ですからね、どんどん情報が流れ込んでくる。脳の処理能力もいっぱいだと思うんです。だからメモして、**覚えようとしない。これけっこうラクですよ。**一度やってみてください。頭に詰め込む感がなくなり、その分考えるスペースが広がったように感じます。もちろん、科学的にそれが正しいのかどうかわかりませんよ。でも、覚えようとしないのはすごくラクで、頭がすっきりするのは確かです」

脳に空きスペースを作れば、考えることに使う領域が広がり、アイデアが浮かびやすくなるということに、科学的根拠があるかどうかはわからない。しかし、メモの効用という面から考えると、アイデアが豊かになる理由は説明できそうだ。

まず考えられるのが、単純に思いついたアイデアを記録できるということ。何かいいアイデアを思いついても、何かに書いておかないと、すぐに忘れて消え去ってしまう。メモに思いついたアイデアを書く習慣をつけたことで、I氏はアイデアのストックをたくさん持つことができ、それを組み合わせることで斬新な発想を生み出せるようになったのではないか。

また、メモをとるときは、「この話のポイントはここ」というように、要点を簡潔にまとめて書く。その行為自体が、すでに頭の整理を行っている状態と言っていい。さらに、ポイントを「見える化」することで、新たな気づきにつながりやすいという効果もある。

つまり、メモをとる人は、メモをとらない人より頭の中が整理され、情報と情報が結びつきやすい状態になっている。 I氏がアイデア豊富になったのは、メモによって思考が整理された結果かもしれない。

いずれにせよ、仕事ができる人は、メモをとることを習慣にしている。自分の記憶力を過信していないし、常にメモによる頭の整理を心がけている。

情報収集は「1テーマ」に絞る

当たり前のことだが、人と同じことを考え、同じ行動をとっていたら、結果も似たようなものにしかならない。人より成果をあげたいなら、人とは違った何かを持つ必要がある。人と違った何かを持つ——言葉では簡単だが、実際に身につけるとなると、何をどうすればいいかわからない。どうすれば、人と違った何かを持つことができるのだろう？

「独自の視点を持つようにしたらどうでしょう」

ITジャーナリストのE氏は、そうアドバイスしてくれた。E氏は、若い起業家や注目を集めるビジネスを手掛けるビジネスパーソンと太いパイプを持っている。

「私が実際に会ってきた優秀な起業家やビジネスパーソンは、みな人とは違う独自の視点を持っていました。視点が違うから考え方が違う。考え方が違うから行動も異なる。そうやって、彼らは人との差異を生み出しているように思います」

なるほど、独自の視点か。でも、どうやって独自の視点を持ったらいいのかわからない。

「これはスキルです。スキルですから、トレーニングをすれば、獲得することができます。簡単な方法は、あることにフォーカスし、それを繰り返し繰り返し観察してみることでしょう」

たとえば、スマホの利用のしかたにフォーカスをあてるとしよう。周りの人がスマホをどのように使っているかを調べてみる。使っているスマホの機種は何か？　どんなときにスマホを使うか？　1日の使用時間は？　よく見るサイトは何か？　どんなアプリを使っているか？　ここら辺までは、誰もが思いつくことだろう。

だが、フォーカスをあてるというからには、そこで観察は終わらない。年齢別に見るサイトを分類し、使うアプリを集計してみる。また、あるアプリを使っている人が、他にどんなアプリを使っているか、そこに何かしらの傾向があるか調べてみる。ゲームは何種類ぐらい入れているか？　どんなゲームをいつプレイしているのか？　情報交換は？　ゲームを介したコミュニティに入っているのか？　等々、どんどん深堀りしていくのである。

そうやってひとつのテーマにフォーカスし、情報を集めていくと、今まで気づかなかった情報が見えてくる。人が注意を向けないところに注意を向け、それをしつこく観察し、調べていくと、他の人が気づいていないものを見ることができるのだ。そうやって得た情報は、その人の独自の視点となり、価値ある情報が蓄積されていくことになるだろう。

「こうしてフォーカスを絞って観察することを習慣にしていると、誰でも独自の視点を持つことができます。実際、起業家でもビジネスパーソンでも、成功する人は、ちょっとオタク気質というか、何かしつこいところを持っていますからね。興味を持ったことはとことん調べて、裏のウラまで見ないと気が済まないんです」（E氏）

人とは違った視点を持つために、何か興味をひくものがあったら、フォーカスを定めてしつこく観察するくせをつけよう。それを続けていくことで、あなたは「その他大勢」の群れから抜け出すことができるのだ。

学びを得るための失敗のしかた

失敗すると「なんて自分はダメなんだ」と落ち込んでいないだろうか。暗い気持ちになり、自分のふがいなさを責める気持ちはよくわかる。そんなときは、自分だけがうまくいっていないような気になってしまうものだ。

けれど、どんな人も失敗から逃れることはできない。失敗したのは、あなただけではない。成功者も結果を残す人も、最速で仕事をこなす人も、みんな失敗してきた。超ビッグネームでさえも、数多くの失敗を経験している。

たとえば、ユニクロを展開するファーストリテイリングの柳井正会長は、「ぼくはずっと失敗してきた。今までどのビジネスでも1勝9敗ぐらい。唯一成功したのがユニクロです」と述べている。

しかし、それでも「1勝9敗だから、ひとつの成功に深みが生まれる」とも言っている。成功は、失敗の積み重ねの中から生まれてくるのだ。

誰もがいくつもの失敗を繰り返しているのに、結果に差がつくのはどうしてだろう。仕事ができる人とできない人の失敗の違いは何だろうか？

どんな失敗も、失敗は失敗。失敗に変わりはない。しかし、同じ失敗をしても、成果をあげる人となかなかあげられない人では、失敗に対する捉え方やスタンスが異なっているのだ。

シリコンバレーでは「make mistake early（できるだけ早くたくさん失敗せよ）」と言われている。成功のヒントは失敗の中から見つかることが多いからだ。そして、もっとも多くのことを学べるのが、失敗したときである。

言葉を換えて言えば、失敗を糧に変えられる人は失敗から多くのことを学び、「ああ、なんで失敗しちゃったんだろう」といつまでも嘆いている人は、失敗を自分の成長につなげられないということである。

では、成長する人は、失敗とどのように向き合っているのだろう？

「失敗から学ぶ人は、失敗を他人や環境や時代のせいにしません。自分の責任であると捉えている」と言うのは、30代前半にして飲食店チェーンを率いるS社長である。「自分の責任だから学ぼうとする。だから、そういう人は成長するんです」

「失敗をすぐに自己分析することも必要」

ITベンチャーで新規ビジネスを立ち上げた、プロジェクトリーダーのH君は、失敗から目をそむけずに、すぐに分析することが大事だと指摘する。

「どうして失敗してしまったのか、何が問題だったのか、どうすれば防ぐことができたか、次回はどうすればいいのか、この失敗から何を学んだかということについて、自分自身で回答を出すことが重要です。失敗を教訓にし、次につながる経験と知恵にするには、失敗を放置せず、自分で分析しなければいけないのです」

失敗を糧にできる人は、こんなことをやっている。嘆いたり、落ち込んだりするヒマがあったら、失敗に真正面から向き合う。だからこそ、失敗を自分の財産に変えることができるのだ。

SNSと距離をおいている

時間をいかに効率的に使うか。それはビジネスパーソンの永遠のテーマだろう。

そのために、スキマ時間の有効活用、通勤時間で英語の勉強、アポイント時間の調整など、多くの人がさまざまな工夫をこらしている。

「でも、わたし、発見しちゃったんですよ。時間を作り出す方法を。簡単だけど、勇気のいる方法です。それはね、SNSをやめてしまうことです」

主婦の目線を生かした商品開発を行う会社を設立したTさんは、フェイスブックをはじめとしたSNSと距離を置くことで、驚くほど時間を捻出することができたという。

「SNSって、はじめのうちは友達とつながっているようで楽しいんだけど、そのうちしんどくなってきません？　だから、あるとき、もうSNSやめたって宣言したんです。そうしたら、もう自由になったっていうか、すごく仕事が進むんです。もう、どれだけSN

Sに時間を使っていたかがよくわかりました」

Tさんのように、SNSに時間をとられている人はかなり多いのではないだろうか。そんなに使ってはいないと思っても、じつはかなり時間をさいているものだ。

ある調査によると、**1日にラインを起動する回数は平均27回、ツイッターは23回、フェイスブックは10回弱にも達するという。**これは平均的な数字で、ヘビーユーザーになると、もっと頻繁にSNSにアクセスしていることになる。

1日の睡眠時間を8時間として16時間の間に、これだけの回数SNSを見ているとすると、1回の時間は少なくても、トータルすれば、2時間や3時間はSNSに時間を使っているはずだ。

友だちとつながるという新しい感覚に加え、自分のイベントを広く発表できるメディアとして爆発的に広がったSNS。多くの人は、「最初は楽しかった」という。しかし、次第にラインへの返信やフェイスブックの「いいね返し」が義務的なものになり、負担に感じている人も少なくないはず。

でも、SNSをやめると仲間はずれになりそうで、惰性で続けている。そんな人は、思い切ってまわりに「SNSと距離をおく」と宣言してしまったほうがいい。

「SNSをやめて交流がなくなった人もいますけど、ホントの友だちはSNSをやめたぐらいではいなくなりません」

とTさんが言うように、SNSをやめたことによるマイナスは自分が思っているほど大きくないようだ。

時間を効率的に使う意識の高い人は、すでにSNSを使わなくなったか、使っていたとしてもごく限定的な使用にとどめている。そしてSNSにとられていた時間をやるべきことに使っているのだ。

とはいっても、すでにSNSにどっぷり浸かっている人は、なかなかやめる踏ん切りがつかないかもしれない。それなら、まず利用を制限することから始めてみてはどうか。

たとえば、ラインやフェイスブックの**メッセージ着信通知をオフに**してしまう。そうすれば、着信音が鳴るたびに、スマホを取り出すことはなくなる。また、仕事に集中したいときは、スマホを**機内モード**にしてしまうという方法もある。機内モードにすれば、ネット接続が遮断されるので、SNSが使えなくなる。まとまった時間を確保したいときには、便利なやり方だ。

SNS中毒の人は、一度SNSとの付き合い方を見直してみることをおすすめする。

やるべきことの優先順位を常に考えている

新入社員のS君はまだ見習い中の身分。研修を終えて、J先輩についてオン・ザ・ジョブ・トレーニングを受けている。S君は、J先輩の下につけて、本当によかったと思っている。なにしろ仕事のできる人なのだ。テキパキとやるべきことを片付け、S君への指示も的確だから、やるべきことを迷わない。

他の先輩についた新入社員たちは課題とされている仕事が終わらず、連日居残りの残業が続いているが、S君とJ先輩のチームは比較的早くあがることができる。遅くまで会社に居残るより、効率よく仕事を回して早い時間に退社するほうが優秀だという考え方にも共感し、J先輩はS君の憧れの人となった。

そんなある日、定時に仕事を終えたS君を、J先輩が「ちょっと一杯やっていかないか」と誘った。〝飲みニケーション〟が機能しなくなって久しいが、S君はJ先輩に誘ってもらって単純にうれしかった。もっとJ先輩のことを知りたかったからだ。

会社で知っておくべきあれこれを面白おかしく語ってくれるJ先輩の話を聞きながら、楽しく盛り上がっているところで、S君はJ先輩にたずねた。

「先輩は、どうしてそんなに仕事が速いんですか？　通常業務に加えて、課長から突然仕事をふられることもあるみたいですが、余裕でこなしているように見えます。ぼくも早く先輩みたいに余裕で仕事ができるようになりたいんですけど、何かコツとか秘訣みたいなものはあるんですか？」

S君の真面目な問いに、J先輩は「優先順位を常に考えることかな」と答えた。

「優先順位ですか？」

「そう、何からやればいいかという順番のことだ。来た仕事から順に取り掛かっていくのは効率が悪い。だから、何からやればいいかいつも考えている」

「そうなんですか。それで先輩は重要な仕事から先に片づけているんですか？」

「優先順位の考え方はそう単純じゃないんだ。いろいろ言っても混乱するだけだから、今日は二つのことを教えよう。まず第一に、なんでもそうだけど、気分が乗っているときは集中して物事をこなしていくことができるよね。仕事を速くこなすためにも、それは大事。

◇タスクの種類

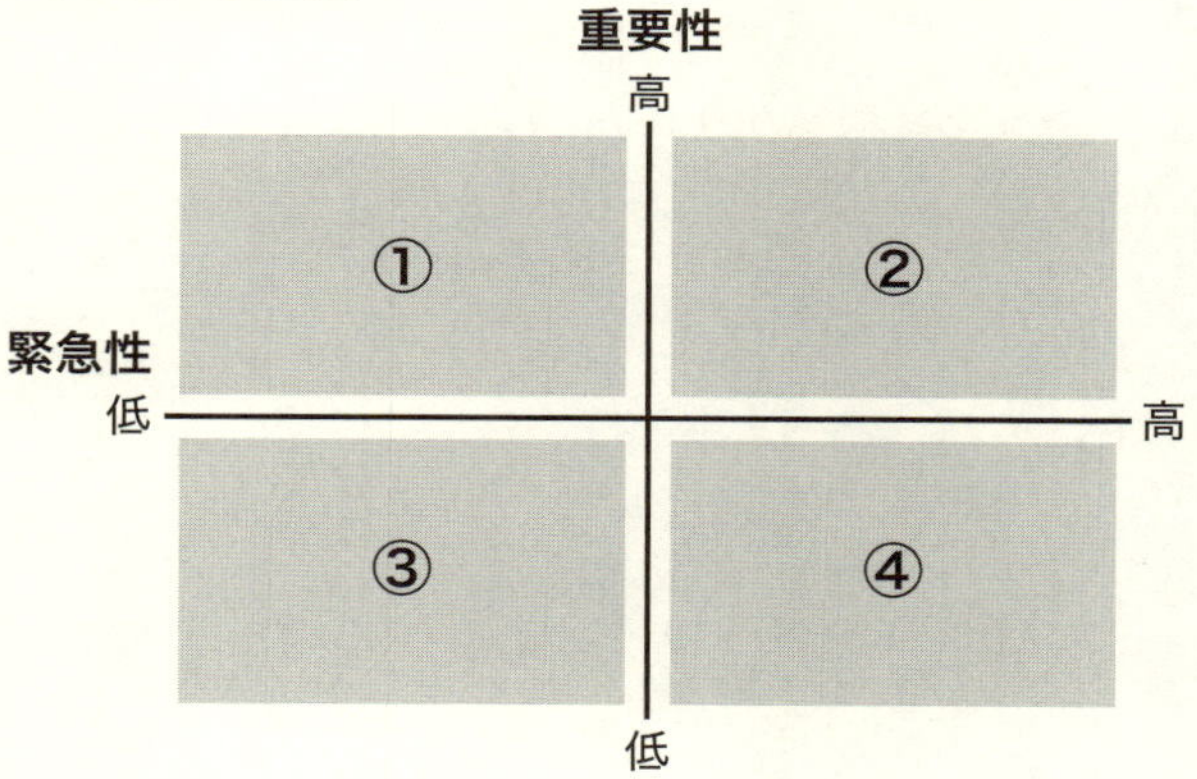

だから、**まず気分が乗るような仕事をするんだ**」

「気分が乗るような仕事ですか？」

「うん、とりあえず頭を使わずに簡単に終わることから手をつけるんだ。簡単なタスクだから、パッパッと終えられるだろう。初めに簡単なことからやって、スピードに乗せるわけだね。**難しいタスクから始めて、頭を抱えちゃうともうそこでストップしちゃうからね。**乗れるタスクから片づけていく」

「そういうことですか」

「それからもう一つ、仕事のタスクはこの図のどこかに当てはまる」

そう言って、Ｊ先輩はノートにマトリックスを描いた。それが上の図である。

「このマトリックスを見て、どこの仕事から先にやればいいと思う？」

「ええと、そうですね、緊急性が高く、重要度も高い②からじゃないんですか？」

「普通はそう思うよね。そういう案件があれば、それをすぐにやらなければいけないところだけど、実際の業務で緊急性が高く、重要度も高いタスクはそれほど多くはない。となると、**真っ先に対処しなければいけないのは①の重要度は高いが緊急性は高くないタスクなんだ**」

「どうしてですか？」

「重要だけど緊急ではない案件を放っておくと、いつ状況が変わって緊急性が高まるかわからない。でも①の案件からつぶしていけば、②の重要で緊急な案件が発生しにくく、慌てふためくような状況は起こりづらい。もし、重要で緊急な案件が出てきても、すぐにそれに取り掛かれるだろ？　だから①のタスクから優先的に片づけていくのさ。これは自己啓発本のバイブルともいわれる『7つの習慣』（スティーブン・R・コヴィー著）で紹介され広まった考え方なんだ。今抱えているタスクをこのマトリックスに位置づけしてみるだけでも、仕事を効率的に進めていくことができるようになるよ」

「それはいいことを教えていただきました。ありがとうございます」

仕事が速い人は、重要度と緊急性の両軸でタスクの位置づけを考えている。みなさんも一度自分の仕事をマトリックスの中に割り振ってみていただきたい。残業が多いとしたら、重要度も緊急性も高くないことからやっているからかもしれない。

「これは」と思った人には臆することなく話を聞いてみる

アパレルショップのギャル店員から自分のブランドを立ち上げ、起業経営者となったCさん。10代の創業社長として、一時はよくメディアにも取り上げられた。それから10年、いまや風格も出て、実力派女社長として会社を切り盛りしている。

10代で起業したのだから、さぞかし頭の切れる女性だろうと思っていたら、Cさん自身は、「いやあ、あたしはとってもおバカさんだったわよ。学校もろくに行っていないから、なんにも知らなかったしね」

とはいっても、起業までした経営者である。おバカと卑下していても、本当は地頭がいいとか、有力な後ろ盾がいたとか、何か成功の秘訣があるのではないか。だが、それも彼女は言下に否定した。

「頭は本当に悪かった。世間知らずだったし。それによくパトロンがいたんでしょって言われるけど、冗談じゃない。そんな人はいなかったわよ。会社の立ち上げは、事業計画の立案から資金の借り入れまで全部自分でやったわよ。だいぶ人に助けてもらったりはしたけれどね」

う～ん、それじゃあずいぶん運がよかったということになってしまうが、運だけで乗り切れるほど起業は甘いものではない。Cさんは何か人とは違うものを持っているはずだ。

「人とは違うところって、自慢できることはないわね。でも、一つだけ他の人より一生懸命やってきたのは、躊躇なく人に話を聞きにいったことかしら」

彼女が起業前に会って話を聞いた人たちは総勢50人以上。さらに、その名前を聞いて驚いた。日本を代表する企業のトップの名前も何人か含まれていたからである。

そんな簡単に彼らに会って話を聞けるものなのか？

「そこがおバカの特権よね。恥ずかしい話だけど、当時はお偉いさんだっていうのは知っていたけど、アポを取るのも難しい超ＶＩＰだなんてわからなかった。だから、雑誌なんか読んでいて、『これだ！　この人に会いたい』と思ったら、臆することなく連絡を入れたわ」

当然、門前払いのことも多かったという。しかし、なかにはカリスマギャル店員が話を聞きたいと言ってきたことを面白がって、アポイントの時間を入れてくれた経営者もいた。

「有名社長ばかりじゃなく、大学教授のところにも行ったし、ベンチャーキャピタルの人や、すでに起業して会社を成功させた経営者にも会って話を聞いたわ。そこで教えてもらったことが本当に役に立った。今までまがりなりにも会社をやってこられたのは、彼らのおかげね」

彼女の行動力やバイタリティには驚くばかりである。無知の力も少しは加わっていたとはいえ、これほど多くの人に話を聞こうとするのは、並の人にはできない。そういう意味では、彼女も「人とは違った何か」を持つ者だといえる。

「あたしの武器はそれしかないから。**でも、みんなあまり人から話を聞こうとはしないのよね。**なぜかしら？　その道のプロや専門家に話を聞かせてもらえば、的確なアドバイスをもらえるのに」

人から教わることを臆さない。それは彼女の大きな武器である。察するところ、超ＶＩ

Pたちにも、ざっくばらんな調子で話しかけたのだろう。しかし、口調はなれなれしくても、話す内容は真剣そのもの。そのギャップに感心し、彼女に会った人たちが真剣に彼女の問いかけに答えたことは想像にかたくない。

彼女の度胸と行動力をそっくりそのまま見習うのは難しいかもしれないが、人の話を聞く習慣が、成長を促進させることは間違いない。

大企業経営者や大学教授とは言わないまでも、ちょっとした専門家や先達に積極的に話を聞いたらどうだろうか。「どこの馬の骨ともわからないヤツに、そうそう会ってくれるわけはない」と躊躇してしまうが、**実際に連絡をとってみるとすんなりアポがとれることも少なくない。**一度成功すれば、ハードルはどんどん低くなって、人に会う抵抗感も薄らいでいく。

「勇気を出して、声をかけてみることですね。生の声はやっぱりなにより役に立ちますし、勉強になりますよ。あたしだってできたんだから、みなさんだってできるはずです」

ゴールをイメージできる体験を数多く積む

「ビジネスの世界で成功する人は、やはりモチベーションが高い。うちの学生でも、出世したり、起業したりするのは、やはりモチベーションの高い人間ですね」

日本の某ビジネススクールの教壇に立つ○教授は語る。

「やはり行動にはエネルギーが必要ですからね。スキルや知識はビジネススクールでも教えられますが、それを使うためのエネルギーは本人が生み出していくしかない」

ということは、仕事のできるビジネスパーソンになれるかどうかというのは、なかば気質や素質で決まってしまうのだろうか？

「そういうことじゃない。**野心を持つ者は、エネルギーを生み出す栄養を自分に与えています。**クルマが給油しなければ動かないように、定期的にガソリンを注入しているんです」

（○教授）

どんな栄養を自分に与えて、エネルギーを高めているのか。その一つとして、O教授は「ゴールイメージできる体験」をあげた。

ゴールイメージとは、最終的に自分がどうなりたいか、その理想の姿のイメージである。たとえば、起業して一攫千金を夢見るB氏は、起業準備のために勤めていた会社を退職する前に、海外のリゾート地に旅行に出かけた。豪勢なリゾートホテルで最高級の食事、フライトはファーストクラス。正直、起業にお金がかかることを考えると、このような贅沢旅行は痛かったが、B氏はあえてリッチな旅を敢行した。

それこそが、彼のエネルギーを生み出す栄養だ。起業に成功してリッチになり、こんな高級リゾートにも気軽に足を運べる自分をイメージしながら、彼は豪華な旅行を満喫したのだ。また、いつかここに戻ってくるぞという強いエネルギーを心に満たしながら。

また、レーシングカーの一流エンジニアを目指すC君は、世界を転戦するF1レースを半年間追い続けた。しかし、サーキットへ向かっても彼の視線の先にあるのは、熾烈なバトルを繰り広げるF1マシンではなく、給油やタイヤ交換のためにマシンが戻ってくるコックピットだった。そこで、マシンを調整するメカニックたちの動きに、将来の自分を重ね合わせてイメージを膨らませていたのだ。帰国後、彼は日本の自動車メーカーではなく、海外のメーカーに就職した。もちろん、Ｆ１に参戦しているメーカーである。

「ゴールイメージは、空想でもできますが、それだと細かなディテールの部分までイメージすることができず、エネルギー補充効果は弱い。実際に目で見て、体で感じる経験から描くゴールイメージは、より強烈な印象となり、力強くエネルギーも満たされます」

そう○教授は述べる。

エネルギーを補充するための自己投資を惜しげもなく行うのが、できるビジネスパーソン、目先の出費を惜しんで想像ですますのが、結果を残せないビジネスパーソンと言えるかもしれない。

ときには「非日常」を体験する

昨今は、過労死などの問題が大きく取り上げられ、働きすぎの危険性が知られるようになったが、それでも日本では依然として仕事人間であることが美徳であるという価値観が幅をきかせている。

とくに、できるビジネスマン、結果を出しているビジネスパーソンはワーカーホリックの傾向が強く、土日出勤もいとわないという人が少なくない。

「面白くて仕事をしているんだから、休みがなくたって過労死なんてしないよ」

「好きなことをやっているんだから、まったく問題はない」

こんな声が聞こえてきそうだが、グローバルスタンダードに合わせていこうというこの時代に、ワーカーホリック礼賛のような考え方は少々時代遅れなのではないか。

海外では、仕事漬けの人よりも、仕事とプライベートを上手に両立させている人をマネジメント能力が高いと評価する。仕事ばかりで、プライベートを充実させていない人は、考え方に深みがないと判断されてしまうのだ。

そして、何より仕事とプライベートを両立させている人のほうが、高いパフォーマンスを発揮できると考えられている。仕事人間が幅をきかせている日本とは、考え方が根本的に違うのだ。

しかし、日本も過労死や働きすぎが問題になっているように、「ワーカホリック＝仕事のできる人」という風潮は徐々に薄まりつつある。次第に、仕事とプライベートのバランスを上手にとることが求められていく。

海外のビジネスパーソンは、人生は仕事だけではないと考えていて、むしろプライベートを充実させるために仕事をしているという人も多い。プライベートメインの仕事といえそうだが、本来プライベートは、仕事の英気を養うための休息期間でもある。

だが、仕事人間が讃えられてきた日本では、たまの休みには家でゴロゴロ、長期休暇は家族サービスのために大渋滞に巻き込まれることをわかっていながらの家族旅行というパターンが多いのではないか。これでは本当の意味で英気を充電することはできないだろう。

「高いパフォーマンスを発揮するビジネスパーソンとしてありたいなら、充電方法も上手にマネジメントしなければなりませんね」と言うのは、経営コンサルタントのＨ氏。Ｈ氏は脳をリフレッシュする充電法として「非日常体験」をすすめている。

たとえば、毎日パソコンと格闘しているプログラマーやホワイトカラーは、電気すらまったくない環境に身を置いてみる。自然の中でキャンプをして、自ら薪を割り、火を熾してアウトドア料理を作る。夜はランタンひとつ灯して、満天の星空をながめながらゆったりとした時間を過ごすのもいいだろう。

また、営業マンとしていつも人と接している人なら、一人きりになる体験がいい。２、３

日一人旅を楽しむとか、一人で別荘にこもって好きな映画を思う存分楽しむというのでもいい。
要するに、日常とは真逆の環境に身を置き、心身をリフレッシュさせるのだ。日常にはない状況を体験することで、脳に刺激を与え、一度リセットするのである。
「ビジネスという仕事は何十年とつづく長丁場です。若いうちはまだ体力で乗り切れますが、ベテランになると定期的にリフレッシュする時間が必要です。そのための非日常体験です」（H氏）
途中で息切れしないためにも、非日常体験を暮らしの中に組み込んで、凝り固まった心身を解きほぐす時間が必要だ。そうした経験はきっと人生に深みを与え、生み出す結果にもいい影響を与えてくれるはずだ。

第5章

生産性が高い人は〝ひとり〟で戦わない

できない理由ではなく、できる理由から探す

「ここに1軒の商業施設があります。かつて大型スーパーが出店しましたが、近郊にライバル店がいくつかでき、撤退した後は空き家になっています。この施設を借りて、新たなビジネスを展開するメリットとデメリットから再建の是非を考えてください」

ビジネスセミナーで出された課題である。

A君は「ちょっと厳しいんじゃないかな」と考えた。「一度競争に敗れて撤退したわけでしょ。お客さんがライバル店に流れたのは理由があるはずだよ。それに、閉店して時間がたっているから、すでにライバル店の認知度はかなり上がっているはず。ここから巻き返すためには、かなり思い切った手を打たなければならないけど、そんな投資が見合うかどうか。デメリットのほうが大きいと思うな」

B君は「再建するメリットは大きいよ」と考えた。「居抜きで借りられるんでしょ。家賃

もかなり勉強してもらえるよね。だったら、やってみる価値はあるんじゃないかな。もちろんライバルに負けた理由を検討する必要はあるけど、理由がわかれば、それを一つずつ潰していけばいいわけでしょ。うん、メリットのほうが大きいよ」

ビジネスセミナーの講師に聞いてみた。どちらのほうが正解なんですか？

「正解・不正解でいえば、Ａ君に軍配が上がります。やはり立地的に問題があったから、ライバルとの競争に敗れたので、それを覆すには相当なテコ入れをしなければならない。そういう大規模投資に見合う勝算があるかどうかと言われたら、難しいといわざるをえませんね」

じゃあ、Ａ君のほうが見どころがあるのですね？

「ところが、そうとも言い切れないのですよ。**ビジネスで成功するのは、圧倒的に、できる理由から探すタイプなんです**」

できる理由から探す者のほうが、成功しやすい。なぜだろう？

できない理由を探すのは比較的カンタンだ。瑕疵はすぐに目につくからである。しかし、できる理由は頭を働かせないと出てこないことが多い。それでも、できそうだと感じるのは、可能性に気づいているということにほかならない。人の気づかない可能性に目をつけることができれば、それだけチャンスにも巡り会える。

「A君は堅実なんですよ。そういう人も会社には必要。でも、大きく伸びる可能性があるのはB君のほうですね」

メリットから見ていこうとするポジティブな発想——仕事で結果を出すために必要なのは、可能性を拾い上げる力なのである。

上司になったつもりで考える

若手社員のW君は、燃えていた。ある新商品のプロモーションチームの一員に抜擢されたからである。課された仕事は、販売促進戦略の立案。販売店に大々的に取り扱ってもらうにはどうすればいいか、顧客の目を引くためにどんなプロモーションを展開すればいいかなど、売れ行きを左右する重要な任務だ。

チームのミーティングの初日、W君はリーダーから指名された。

「W君、きみだったらこの商品にどんなコンセプトを与える？　また買ってくれるのはどんな層だと思う？」

W君はいぶかしんだ。商品コンセプトや購買層、価格設定などは、すでに企画開発部が会社としての方針を決定している。だから、すでに発表されている会社としての方針を口にした。

「それはみんなわかっている。きみだったら、どういうコンセプトをこの商品に与え、どんな層に買ってもらいたいかを聞いているんだ。会社の方針がポイントをはずしていることだってあるだろ？」

しかし、われわれはサラリーマンである。サラリーマンであるなら、会社の方針に従い、それに沿って物事を考えるのは当たり前のことだ。しかも、商品コンセプトや購買層の設定などの重要事項は、自分のようなペーペーが口をはさめるような問題ではない。

「それは上の方々が決める問題で、ぼくのような者がどうこう言うことじゃないと思うんですが」

W君は正直な思いを告白した。するとリーダーの表情が一変した。

「下の人間だから上に従っていればいいと考えているなら、ここにいる必要はない。私はきみが商品開発のリーダーだとしたら、どう考えるかを聞いたんだ」

リーダーのきつい叱責に、W君は落ち込んだ。せっかく意気込んできたのに、初日から大失態を演じてしまったのだ。

ミーティングの後、力なくうなだれているW君をリーダーは別室に呼んだ。さっきとは打って変り、リーダーは柔和な表情でW君に語りかけた。

「私はきみが強い意欲と上昇志向を持っていると見込んで、このチームに抜擢した。このチームの仕事は考えることだ。それは一番下の地位にいるきみも例外ではない」

W君はうなずいた。

「きみは先ほど、コンセプトや購買層を考えるのは自分の仕事ではないと言った。もし、これから人より成長したいと思うのなら、そんな考えは捨てなさい。自分がそれを決める立場だったら、つまり自分が上司だったらどのように考えるかという視点を持つことだ。人の上に立ちたいならなおさらだ」

リーダーは、そう締めくくった。

上の立場でものを考える——それは近視眼的な視野を離れ、全体的な視点から物事を見るということである。簡単なことではないが、W君はそれを実践しようと心に決めた。すると、以前より物事の道筋がはっきり見えるように感じ、仕事も効率的にこなせるようになった。とりわけ、上司の指示の意図をすぐに理解できるようになった。

どうやら、W君はひとつ成長したようである。

不得意なものは「学ぶ」より「まかせる」

K氏は焦っていた。ライバル視している同期のN氏が、最近経理の勉強をはじめたと聞いたからだ。N氏は経理の人間ではなく、K氏同様営業部に所属している。

なぜ営業マンなのに、経理の勉強をはじめたのか。おそらくN氏は、経理ぐらいわからなくては企業の幹部にはなれないという情報でも見たのだろう。

N氏は上昇志向が強く、将来的に役員、さらには経営トップを目指すと宣言している。同じく仕事で頭角を現したいK氏にとっては、とても気になる存在なのである。

そのN氏が新しく得意分野を作ろうとしているのだから、K氏は心おだやかではいられない。かといって、自分も経理の勉強をはじめるのも、後追いでマネをしたと見られかねない。他の分野の勉強をして、自分も得意分野を広げていこうかとも考えた。

それには、どの分野がいいか、K氏は師匠と仰ぐT部長に相談をもちかけた。T部長は社内一の切れ者と評判で、次の人事では役員昇格間違いなしと言われていた。どの派閥にも属さず、うまく距離感を保ちながら、順調に出世の階段を昇ってきたことから考えても、文句のつけようのない実力者であった。

取引先を接待した帰り、K氏はT部長とお疲れ様の一杯をやりながら、話を切り出した。どんな分野の勉強をすれば、経歴に有利になるか、それが知りたかったのである。

「まあ、勉強するのは悪いことじゃないが、Nへの対抗心からというのは、ちょっと動機が不純じゃないか」T部長は笑いながら言う。

「それはわかっていますが、私も実力を磨いておきたいんです。それには不得意なものをなくしておきたい。できれば、経歴にプラスになるような資格でも取れればと考えています」K氏は必死に訴えた。

T部長は、フーッとため息をついた。

「資格をたくさん取る人がいるだろ？　いろいろな勉強をするのだから大変な努力だと思

うが、そういう人が実際のビジネスで大きな成果をあげたというのはあまり聞いたことがない。おそらく資格をとることが目的で、資格をどう生かしたいのか、どんな仕事に役立てたいのかを考えていないからだろう」

Ｔ部長は何を言おうとしているのか。Ｋ氏は真意をはかりかねながらも、うなずいた。

「オレも営業のスキルについてはたくさん学んだが、他の分野はからっきしだ。そりゃあ、長年ビジネスマンやっているから決算書くらいは読めるけど、それも表面的なことしかわからない。その数字から深いところまで読み解くような知識は持ち合わせていない。人事部長もちょっとやったが、人事についてもあまりよくわからない。実務は優秀な部下たちにまかせ、オレは大局的なところだけ見ていたからな」

ちょっと意外だった。Ｔ部長はときに他部署と激しく議論することもあったが、論戦で負けたのを見たことがない。外野で見ていたＫ氏は、Ｔ部長の広範な知識と見識に圧倒された。その人が、営業以外、よくわからないと言っているのだ。卑下しているのか、それとも裏に持つ知識を隠しているのか。

「そのかわり、オレはいろんな分野で信頼できる専門家と仲良くしている。専門分野の知識が必要なときは、彼らに教えてもらうんだよ。だって、**付け焼刃の知識を身につけたっ**

て、専門家にかなうわけないだろ？　それなら専門家に聞いちゃったほうが早いじゃないか」

　そうだったのか、T部長には専門分野のブレーンがいたのか。部長は必要なときに彼らから知識や情報を得ていたのだ。

「仲良くなるのは、営業マンである得意分野が使えるだろ。そうやって、オレはやってきた。不得意なものをなくし、広範囲な知識を得ておきたいというのは、悪いことではないと思う。だが、先ほども言ったように、その道の専門家にはかなわない。それよりも、他にやらなければいけないことがあるんじゃないのか？」

「やらなければいけないことですか？」

「そうだよ、おまえはどこの部署に属しているんだ」

「営業部です」

「だろ、営業マンとしてもっとスキルを磨くことが先決じゃないのか？　それを自分の強みとして磨き上げたほうが、ずっとキャリアアップにつながるんじゃないのか」

　その言葉を聞いて、K氏はハッとした。N氏へのライバル心から、自分も他分野に強くなろうと思った。そうすればキャリアアップにもつながると考えたが、**じつは自分の強み**

をとことん強化していくことのほうがずっと実力を高めてくれる。ひとつの分野で圧倒的な強みを発揮できてはじめて、それを得意分野と呼ぶことができる。

そういう意味では、K氏にまだ得意分野はない。

当面、営業マンとしてのスキルアップに全力を傾けよう。K氏はそう決心した。

神頼みをバカにしない

「今日は西の方角は験が悪いんだ。A社は明日にして、B社を訪問しよう」

C君の上司であるE課長は、よくこんな言葉を口にする。「この間は、青いパンツをはいていて契約をかちとったから、今日もはいてきた」とか、重要なプレゼンの前には会社の近くにある稲荷神社にお参りにでかけたりなど……とにかく信心深いというか、神頼みにすぎるのである。

C君は、そんなE課長にうんざりしていた。科学的根拠もない迷信に振り回されて、毎年大鳥神社に熊手を買いに行かされたり、会社の神棚のお供え当番をさせられたり、部下はたまったもんじゃない。いい迷惑だ。

だが、E課長の運の強さは認めないわけにはいかなかった。なぜなら、毎年大型の契約案件を成立させ、他の追随を許さない成績をあげていたのである。

まさか神頼みの効果ではあるまいし、今は運がむいているだけだろう。そのうち化けの皮がはがれるだろう。C君たち部下は、課長のいない席でそんな陰口を叩きあっていた。

そんなある日、C君は有名な経営コンサルタントの講演を聞く機会を得た。ちょっとした仕事の依頼電話をしたところ、講演終わりの楽屋での面会を指定されたのである。「よかったら講演も聞いていってください。受付に話を通しておきますから」

そう言われて、C君は講演会場まで足を運んだ。

コンサルタントは、経営トップの孤独について語っていた。誰も助けてくれない孤独の中で、経営者は決断を下していかなければならない。

「だから、経営者は信心深い人が多い」

そのひとことに、C君は驚いた。

「経営者は誰もが、もうダメだ、お終いだと思うような場面を経験しています。それでも何とかならないかと、最後の望みをかけるんです。そのとき、神様、仏様、どうか助けてくださいとお願いします。運よく事態が好転したら、神様、仏様ありがとうという気持ちになるでしょう。自分は天に救われたと感じるのです」

Ｅ課長もこのパターンか。何かで神頼みして、救われたと思うような経験をしたんだ。それで神様、仏様絶対になってしまったんだ。そう考えると、日頃のＥ課長の行動にも合点がいく。

講演が終わり、Ｃ君は楽屋を訪れた。そこで、依頼の内容を伝え、コンサルタントからは快諾をもらった。仕事が片付いた安堵から、Ｃ君は信心深いＥ課長の話をした。

「でも、今日の講演を聞いて納得しました。なぜ、あんなに信心深いのか」

それを聞いたコンサルタントが、静かに口を開いた。

「きみはちょっと誤解をしているようだ。それとも、私の言葉が足りなかったのかもしれない。経営者も、おそらくきみのところの課長さんも、神様や仏様を絶対視しているわけではない。その証拠に、特定の宗教に入信したりはしていないだろう。経営者が資金繰りに困って、もうダメかと思う場面、そこでは神様にすがるしか手立てがないから神頼みをするんだ。やれることはすべてやり尽くしたはずだからね」

C君は自分が早合点をしていたことに気がついた。

「経営者もきみの課長も、おそらくうまくいくなら何でも取り入れてやろうという思考なんだ。あらゆるツテを使って人頼みもするし、神頼みもする。もしかすると、きみの課長さんは、よくできる人じゃないか？」

C君はうなずいた。「トップ営業マンです」

「そうだろう。彼はやれることは何でもやろうという思考の持ち主だ。彼が結果を出しているのはうなずけるよ」

C君は、神頼みばかりしてとE課長をバカにしていた自分を恥ずかしく思った。課長は誰よりも、結果を出すための思考を身につけていたのだ。

今度、大鳥神社の熊手を買いに行くときは、会社のものとは別に自分の分の小さな熊手も買ってみようとC君は思った。そして、課長の仕事ぶりからもっと学ぼうと決意を新たにしたのである。

難しい仕事にあえて挑戦する

D氏は、かつて同僚だったM氏が立ち上げたベンチャー企業が上場したという知らせを聞いて素直に喜ぶ自分に驚いた。以前は、あんなにも敵視していたというのに……。

「ずいぶん差を広げられたな」

そんな言葉が口からついて出た。

同期入社だった二人は、すぐに頭角を現し、20代後半には社のエース的存在として活躍していた。

「思えば、あのときからオレたちの差は徐々に開いていった」

あのときとは、M氏が新規事業のプロジェクトリーダーになったときだ。20代後半でのプロジェクトリーダー就任は抜擢人事のように聞こえるが、実情は違っていた。

当時、本業は順調で黙っていても売上げが立つような状況で、D氏もM氏もそれぞれ自分の営業チームを率いて、成績を競っていた。しかし、経営者はどれほどビジネスが順調でも未来に対して危機感を持っている。社長は儲かっているうちに次の主力事業を育てようと、新規事業部を立ち上げた。

その新規事業部のリーダーにM氏が自ら手をあげたのだ。M氏の決断に周囲は驚いた。なぜなら、M氏の前に二人の人間が新規事業部のリーダーになったが、どちらも結果を残すことができず、会社を追われるようにして去っていたからだ。質の良いビジネスプランが描けなかったこともあるが、もう一つのネックは社長だった。社長は自分の肝いりで設立した新規事業部からなんとか事業を育てようと、あれこれ口を挟んで来たのだ。ときには長い検討を経て決まった決定事項が、社長の鶴の一声でひっくり返されることもあった。

そんな状況で、2代続けてリーダーがテイクオフに失敗し、会社を追われたことから新規事業部は姥捨て山のように扱われ、他部署からいらなくなった人材が回されてきた。要するに、とても組織として機能するようなところではなかったのである。

そんな新規事業部のリーダーにM氏は自ら手を上げたのだ。驚かれるのも無理はない。そのまま営業チームに残っていれば、大きな実績をあげることができ、高い評価も受けられるだろう。しかし、M氏は安泰の道を選ばなかった。あえて困難な道を選んだのである。

「このとき、オレとMの差は決定的に開いた」とD氏は考えている。

新規事業のプロジェクトリーダーに就任当初は、組織はうまく機能しなかった。各部署から「使えない」と烙印を押された人間の寄せ集めで、社長の横槍は相変わらず。うまくいくはずがない。

しかしD氏は、ていねいに根気よくチームを固めていき、社長にも直談判して過度な口出しを控えてもらった。そして、彼が打ち出した新規事業計画は最初こそうまくいかなかったものの、数年で利益をあげるようになるまで成長し、次第にじり貧になっていった本業に変わって、社の主力事業になっている。

当然、M氏は一気に評価を上げて、社の取締役への道も見えてきたが、あっさりその道も蹴った。退職して起業することを選んだのである。

そして、M氏の立ち上げた新会社は順調に成長を続け、株式上場の日を迎えたのである。

D氏はわかっていた。M氏がなぜ新規事業のリーダーに名乗りをあげたのか。彼はあえて困難がともなう環境に身を置くことで、自らの成長を求めたのだ。そして彼の思い通り、困難な状況を克服する経験を積むことによって、彼は数段のレベルアップを遂げた。自分が成長していることを実感しながら、彼はより大きな夢を育てたのだろう。自らの会社を立ち上げるという夢を。

リスクをとって難易度の高い仕事に飛び込んだ者だけに、飛躍的な成長を遂げるチャンスが与えられる。それがわかっていて、覚悟を決めて飛び込んだM氏と、安全な場所を捨てることができなかった自分。

結局より大きな夢を描いていたのは彼のほうだったのだ。その事実を目の当たりにしたとき、D氏は心からM氏に拍手を贈った。

上司とは〝かしこく〟つきあう

組織で働くビジネスパーソンにとって、上司との距離の取り方は永遠のテーマといえる。自身が優秀で、部下の話にも耳を傾ける度量のある上司であれば、言うことはないだろう。上司と協力体制を組んで、仕事にまい進していける。

だが、そんな理想的な上司にめぐり合う確率は相当低い。自分の考えを押し付け、部下の考えは受け付けない。それだけなら、まだよくある上司だが、なかにはささいなことでも強烈な叱責をするようなパワハラ上司や、ミスを部下に押し付ける上司、難しい問題に直面すると逃げてしまう上司など、さまざまなタイプの厄介な上司が存在する。

そんな上司とどうつきあっていけばいいのか、部下としては悩ましい問題だ。

ある企業に勤めるＦ君の上司も、部下の人格を認めないパワハラ上司だった。部下の話には耳を傾けず、「できないやつばかりだから成績が上がらない」とこれみよがしに口にする。気に食わないことがあると、怒鳴り散らし、過去のことまで持ち出してネチネチと攻撃してくる。

この上司といかに向き合っていくか。Ｆ君にとっては、それが最大の課題となっていた。じつはいくつか参考になるパターンを見てきている。先輩たちと上司との関係である。

正義感の強い先輩は、ことごとく上司と対立した。理不尽な叱責に対しては反論し、理解できない指示には、何度も理由を問いただした。怒鳴り合いの喧嘩に発展することも珍しいことではなく、二人は犬猿の仲になった。

やがて先輩は仕事を干されるようになり、上司に歯向かう不届き者ということで閑職に異動させられた。結局、居場所がなくなって退職を余儀なくされたのである。

もう一人の先輩は、徹底的に上司におもねった。つまり、イエスマンとなったのである。上司の言うことには従順に従い、上司が誰かを叱責すれば、一緒になって相手を責めた。おかげで上司のおぼえはめでたかったが、思わぬところに落とし穴があった。異動で別部署に移ったのである。

先輩は異動した先でも、新しい上司に取り入ろうとしたが、その上司はバランスのとれた人で、前の部署での態度を苦々しく思っていたらしく、かなり距離をとって接した。そのため、先輩の存在感は薄くなり、今ではやる気も失せて隅っこのほうで小さくなっている。

「いろいろ見てきましたけど、上司と対立したり、絶対服従したりするような極端な対応はリスクが高いということはわかりました」

とF君は言う。

「どんな上司にあたるかは運次第、悪い上司に当たったら諦めるしかありません。そのうえで、つきあい方のポイントをぼくなりにいくつかつかみました」

F君が学んだ上司とのつきあい方とは……

まず、理想の上司像というものを捨てて、先入観なしに上司を見るということ。いろいろな上司の形があるということを理解する。

次に、目上の人であることを認識し、挨拶はきちんとする。報告・連絡・相談を怠らない。そして、上司の言うことを理解するよう務めることである。

「部下は上司を選ぶことができませんからね。多くの場合、上司も部下を選べないし。結局のところ、相手のことを尊重してつきあっていくしかありません」

アイデアは隠さず人に話す

アイデアマンと評される人がいる。その人が話すアイデアは、いつも独創的で、夢があり、ワクワクする気持ちにさせてくれる。

どのようにして、人を感心させるアイデアを生み出しているのだろうか?

その秘密を知りたい……ということで、某企業きってのアイデアマンとして知られるU氏に素晴らしいアイデアを生み出す秘訣を聞いてみた。

「**アイデアの元は問題意識です。**だから、いろいろなことに興味を持って、なぜそうなのか、どうにかして改善することはできないのかと考えるのを習慣にすることです」

そうすれば、いいアイデアが出てくるのですか？

「初めからいいアイデアが出てくることは少ないですよ。もみこんでブラッシュアップしていくんです」

どのようにもみこむのですか？


「他人を使うんです」


他人を使うとはどういうことですか？

「思いついたアイデアは、どんどん他人に話してしまいましょう。そして話した相手から必ず感想をもらうんです。良かった点、悪かった点、改善したほうがいい点など、細かく聞いてみます」

いわゆるフィードバックをもらう行為ですね。

「そうです。ひとりのアイデアなんてたかが知れています。でも、アイデアを人に話してフィードバックをもらえば、３人よれば文殊の知恵じゃないですけど、もまれて独創的なものに仕上がっていくことがあるんですよ。それには１００人とは言わないまでも、少なくても20人、30人に意見を求めることが必要ですが」

でも、アイデアを人に話すと、それを盗まれたりすることはありませんか？

「そんな心配はまず必要ありません。だって、あなたがひねり出す最初のアイデアなんて、そんなに上等なものじゃないですよ。もし、そんなものを盗まれてもどうということはありません」

アイデアマンのアイデアの秘密は、他人の脳を借りることにあり。自分ひとりで抱え込んでいないで、どんどんオープンにしゃべってしまったほうがいいようだ。

何を言うかではなく、「どう伝わるか」に気を遣う

取引でも社内の根回しにおいても、ビジネスにとって相手を説得する能力は非常に重要だ。

たとえば、部下を動かすとき。「上の指示に従っていればいいんだ」と絶対的命令で従わせるのと、「こういう理由で、今はこれをしなければならない」と相手を納得させて動かす

のでは、どちらのほうが意欲的に取り組むだろうか。いうまでもなく、やるべき理由を示した後者のほうである。このように、相手を説得できるかどうかというのは、ビジネスの効率や結果に大きく影響してくるのだ。

では、説得のうまい人は、どんな方法を使っているのだろう？

S氏は、社内きっての調整能力の持ち主。部門間で利害が対立したときは、S氏に頼めば、双方顔が立つように裁いてくれると言われている。彼が参加すると交渉事もスムーズに進むため、「スーパーネゴシエーター」という異名もあるほどだ。

S氏は、交渉で気を配っているのは、何を言うかではなく、どう伝わるかということだ。

「よく議論になって、オレは正論を言っているんだという人がいるでしょ。正しいことを言っているからいいと思っているかもしれませんけど、**ビジネスの現場では話がまとまってなんぼ。いくら正論を言ったって、話がまとまらなければなんにもなりません**」

たしかに、正論を言っているんだと主張する人ほどかたくなで、人の意見に耳を傾けないような印象がある。正義の御旗をかかげれば通ると思っているのかもしれないが、ビジネスにおいては何が正義かなんてカンタンに決められるものではないし、正論一本槍でこられても納得することはできない。

「とくに日本人は欧米のように議論して結論を導き出すことになれていませんし、以心伝心のように、言わなくてもわかるだろという文化がありますから、またややこしいんです」

おっしゃる通り。

「だから、正論を押し通したり、理詰めで論破しようとしても、相手は納得してくれません。納得してくれなければ、交渉は成立しませんからね」

S氏は、伝わり方が大事だという。

「つまり、相手の立場を認めるような表現を使う。たとえば、**否定語を使わない。**『いや、そうではなくて』とか『それは違いますよ』なんてことは言わない。『そちらのお立場はよくわかります』『そうおっしゃる気持ちは理解できます』というように、一度相手を認めるんです。人間は感情の動物ですからね。伝わり方というのは非常に重要です」

相手の立場を認めるということは、そちらが少し考えてくれれば、こちらも譲歩する用意がありますよということを感じさせる効果もある。お互いに歩み寄ろうというメッセージでもあるのだ。

「社内での意見統一では、肯定的表現を意識するといいでしょうね。よく言われる、『コップに水が半分しかない』と『コップに水が半分もある』という表現ですね。どちらも同じ状態を言っていますが、半分しかないと言えば否定的に、半分もあると言うと肯定的になる。言うまでもなく、肯定的に表現したほうが相手の気持ちをプラスにすることができます。**否定的な言葉を使うと、自分にも相手にもネガティブな感情を呼び起こしますから、いいことはありませんね**」

ビジネスは結果がすべてである。いくら正しいことを言おうと、理屈では合っていようと、それが結果を生み出さなければ意味がない。仕事のできる人は、そのことを理解しているので、正しいか正しくないかにはこだわらない。いかに相手の肯定的感情を呼び起こすかに気を使うのである。

感謝の気持ちを忘れない

「どういうときに、仕事をしていてよかったと思うか?」という質問をビジネスパーソンに投げかけてみたところ、半数以上が同じ答えだったという。

それは、**「ありがとう」と感謝されたとき**である。感謝を向けたのは顧客であったり、上司であったり、部下であったり、取引先であったりとさまざまだが、「ありがとう」がもっとも仕事に対する満足度とモチベーションを高めるキーワードになるとはちょっと驚きである。

感謝されると人はうれしい。人に感謝される仕事をしている自分に誇りを感じる。では、あなたは人に感謝の言葉をかけているだろうか？

照れくさくてなかなか感謝の気持ちを伝えられないという人は、今日からでも「ありがとう」を口にしたほうがいい。それは自分の仕事の質を高めることにつながるからだ。

モチベーション教育にたずさわるコンサルタントのＫ氏も、**「ありがとう」は回り回って自分の利益につながる**と言う。

「人にありがとうと感謝すると、その人自身が温かい心を持った人だと人間的に評価されます。人間的に評価される人は、応援団がたくさんできます。要するに、協力してくれる人、手伝ってくれる人が現れるのです。そういう応援団を持つ人の仕事のクオリティは高まります。わからないことや、できないことがあっても、周りが協力して助けてくれるからです」

ひとりではできないことも、3人集まればできるかもしれない。3人でできないことも、10人集まればできるかもしれない。10人でできないことも、100人集まればできる可能性はグッと高まる。

「ありがとう」と感謝の気持ちを示すことは、人間関係の輪を広げる接着剤となるのである。「ありがとう」と言われた人がうれしくなって、他の人にも「ありがとう」の気持ちを表す。またその人が「ありがとう」を誰かに伝えれば、感謝の気持ちはどんどん大きく広がっていく。

その感謝の輪は、今すぐにではないかもしれないけれど、いつか人に対する感謝の気持ちを持った人のところに返ってきて、助けてくれる。自分ひとりの力ではなく、人の力を合わせることによって、大きな課題も動かすことができる。感謝することは、それほど大きな力になるということである。

一流と平凡をへだてる「役に立ちたい」という思い

毎年ミシュランの星を獲得している銀座の「久兵衛」。誰もが一度は足を運んでみたいと考える江戸前鮨の名店だが、久兵衛のホームページにこんな言葉が掲げられている。

板前としてお客様の前に立つには、「美味しい鮨をにぎるための技術」と「最高の時間を過ごして頂く為のコミュニケーション」の両方が求められます。一流の板前とは、確かな技術を身に付け、お客様の前での所作をはじめ、会話に至るまで、お客様と対峙した時にひとりの人間としてまっすぐ向き合えるよう常に自分自身を磨いていける人だと考えます。

「さすが久兵衛ですね。一流の寿司職人になるには寿司を握る技術だけではだめで、お客様に最高のひとときを提供する人間力も大事だといっています。でも、これってビジネスの世界も同じではないでしょうか」

と日本を代表する企業の創業社長は言った。

「仕事ができる人、結果を残せる人になるには、仕事のスキルを磨かなければいけないのはもちろんですが、それを社内、さらには社外に発信する能力がなければいけません。とくに情報技術が発達したこの時代においては、発信力の有無は評価に大きく影響します」

創業社長の言うように、社内にアピールする力がなければいい仕事をしても認められないし、外の世界に情報発信しなければ、一流の製品やサービスを持っていても、それを知ってもらえない。発信する力はたしかに重要だ。

では、発信力を高めるにはどうすればいいのだろうか？

「究極のところ、それはどれだけ人のお役に立ちたいという思いを持っているかだと思いますよ」

創業社長はそう言った。

役に立ちたいという思い――それは自分の生み出すもので、誰かを幸せな気持ちにしたいという願望だ。その願望が強ければ強いほど、人に知ってもらいたい、認知してもらいたいという発信力が高まっていく。

仕事ができる人、結果を出せる人というのは、人の役に立ちたいと強く願っている者なのだ。評価されて出世したい、お金を儲けたいという気持ちも、もちろんあるだろうが、それ以上に人の役に立ちたいという思いを持っている。

〈自分の利益のためにがんばる＋人の役に立つためにがんばる〉

この両輪がそろったとき、ビジネスパーソンは大きく成長を遂げるのである。

第6章

カリスマ経営者が続けてきた成功へと導く習慣とは？

いつも黒いタートルネックなのはなぜか？

——スティーブ・ジョブズ　アップル創業者

カリスマ経営者と呼ばれる人たちがいる。彼らが成し遂げた革新的な業績は、私たちの世界を大きく変え、進化をもたらしてきた。だからこそのカリスマであり、変革者であるのだが、そんなカリスマたちの中には、ちょっと変わった習慣や常識では考えらないエピソードをもつ者が少なくない。

なぜ、彼らはそんな習慣を続けてきたのか。常人とはかけ離れた行動をとってきたのか。そこに成功を導くカギがあるのではないか。というわけで、カリスマ起業家たちが続けてきた習慣の秘密に迫ってみることにしよう。

アップルといえば、若い方にとってはiPhoneやiPadなどのスタイリッシュな情報機器を生み出した会社、ややオールドな方にはマッキントッシュやiMac、MacBook Airなどの画期的なパソコンを作り出した会社として認識されていることだろう。

　パソコンのシェアではウィンドウズにはるかに及ばないながら、時価総額世界一にまでなったのも、アップルの製品が革新的で、常に驚きと感動を提供してきたからにほかならない。

　アップルがここまで成長した理由は、なんといっても創業者のスティーブ・ジョブズの存在だろう。友人のスティーブ・ウォズニアックと二人ではじめたガレージビジネスから出発し、パソコン、そして情報機器の分野で大きな成功をおさめたのは、ジョブズのアイデアとリーダーシップがあったからこそである。

　残念ながら、スティーブ・ジョブズは２０１１年にすい臓がんのためにこの世を去ってしまったが、発表会で彼が新製品を紹介する姿は多くの人の脳裏にいまだ強く焼き付いていることだろう。黒いタートルネックとジーンズという姿で。

　そう、ジョブズといえば黒いタートルネックといえるほど、彼は常に同じ格好をしていた。なぜ、超お金持ちの彼がいつも同じファッションしかしなかったのか。

　一説によると、それはソニーの創業者・盛田昭夫氏の言葉に影響を受けたからだと言われている。ソニーの従業員が作業着のようなものを着ているのを見て、ジョブズは「なぜ、みんな制服のようなものを着ているのか？」とたずねた。すると盛田氏は、戦後何もない時代に会社が支給した作業着の名残で、それは画期的製品を開発するソニーの技術者魂の象徴でもあると答えた。その話に感動したジョブズは、アップルでも制服を導入しようとしたが従業員には不評で、ならば自分だけでもということで、イッセイミヤケに黒いタートルネックを100着（つまり一生分）注文し、常にそれを身につけるようになったというのである。

いわば、黒いタートルネックは彼の制服であり、作業着であったわけだが、もうひとつ、ファッションに気をとられたくないという思いもあったようだ。今日は何を着ようかと考えるのは時間のムダ、毎日同じものを着ると決めてしまえば、着るものにあれこれ迷わなくてすむし、その分のエネルギーを仕事に注ぐことができると考えたのである。

フェイスブックの創業者マーク・ザッカーバーグも、ジョブズと同じように、いつもTシャツ姿だ。同じTシャツを20枚もっていて、それを着まわしているという。そして彼も、同じ格好でいることを問われて、「ファッションにエネルギーを使うのはムダ」と答えている。

ジョブズやザッカーバーグほどではないにしても、カリスマ経営者と呼ばれる人たちはあまりオシャレに気を使っているようには見えない。派手で目立つファッションをしているような人はあまりいない印象である。

彼らにとって最大の関心は自分のビジネスにあり、それ以外のことに意識をとられたくない。つまらないことや浮ついたことに時間を使うと、仕事にベストを尽くしていないような気になってしまう。彼らにとってファッションなど二の次、三の次。最善の仕事をするには、やるべきことにできるだけ多くの時間と情熱とエネルギーを注ぎ込む――ジョブズの黒いタートルネックやザッカーバーグのTシャツは、彼らの仕事に向かう姿勢の象徴なのである。

なぜ、ファーストクラスのチケットに激怒したのか？

――ビル・ゲイツ　マイクロソフト創業者

パソコンの基本ソフト・ウィンドウズで、文字通り世界を席巻したマイクロソフト。マイクロソフトはビル・ゲイツとポール・アレンらによって設立され、ゲイツは指揮官として辣腕をふるってきた。1999年には時価総額世界一を達成し、同社を世界一の企業に育て上げた。

ビル・ゲイツ自身も、アメリカの経済誌『フォーブス』が発表する「世界長者番付」で1994年から2006年まで13年連続で世界一を獲得するなど、世界を代表する大富豪となった。

それほど大金持ちになったにもかかわらず、ビル・ゲイツはムダを極端に嫌い、質素を好むことが知られている。

マイクロソフト日本法人で社長を努めた古川享氏は、インタビューの中で次のようなエピソードを明かしている。

日本から韓国へ飛ぶ飛行機のチケットを古川氏から手渡されたゲイツ氏は、それを見て激怒した。ファーストクラスのチケットだったからである。

「たかだか1時間のフライトにファーストチケットを購入するなんて、ムダなことはするな」

またあるときは、京都までの新幹線の代金を会社で立て替えておくと言うと、烈火のごとく怒りだしたという。

「個人の旅行なのに、なぜ会社が立て替えるのか？　そんなことをやり出したら、社員が個人旅行の費用を会社につけ回すようになる」というのである。

このように、ビル・ゲイツは、ムダな出費を徹底的に嫌い、公私混同を許さなかった。大富豪だけにプライベートジェットは所有しているが、会社の仕事で使うとき以外は、燃料費は自腹で払っているという。

ビジネスで大きな成功を収めながら、すべてを手に入れたかのような錯覚に陥り、転落する者は少なくない。とても優秀で、謙虚だった起業家が、上場によって巨額のマネーを手にしたとたん、豪勢な生活に溺れ、遊びの金まで会社につけ回し、傲慢な態度が目に余るようになる。

そうした態度は周囲の信頼を失わせ、本業にも身が入らなくなっていく。そして、一度手にした成功は、いつのまにか手から滑り落ち、破たんへの道を転がり落ちていくのである。そんな姿を何度目にしてきたことか。

本当の成功者は、堅実である。だが、それは倫理的な考えからムダ遣いを嫌うというより、合理的な考え方が体の隅々にまで染みついているからだ。

1時間のフライトでファーストクラスを利用するのは、経済的合理性に反する。個人旅行の費用まで会社が負担するのは、会社に損をさせることになるから許せないのである。

一方で、1分1秒でも時間をムダにできないという合理的観点からいえば、プライベートジェットを所有し、自分のスケジュールに合わせて自由に各地を回ることもアリになる。

すべては利益を極大化するための合理性に基づいているかどうか、ビジネスの成功者の視点はそこからブレない。

天才起業家が語る成功の秘訣とは何か?
――イーロン・マスク　スペースX創業者、テスラモーターズCEO

イーロン・マスクが「次代のスティーブ・ジョブズ」と評されているのは、彼の手がける事業が、われわれの生活に大きな変化をもたらす可能性に満ちているからだ。

南アフリカ出身のイーロン・マスクは、米ペンシルベニア大学で学び、弟とともにオンラインコンテンツ出版の会社を立ち上げた。後にこの会社はコンパック社に買収され、マスクは3億ドル以上の資金を得ることに成功した。

その後、オンライン金融サービスのＸコム社の共同設立者となり、このＸコム社が他の企業と合併して、ペイパル社となる。ペイパルはメールアカウントを利用した決済サービスで、世界中に広く普及している。

さらに、宇宙ロケットを開発するスペースＸ社を設立、電気自動車メーカーのテスラモーターズに出資し会長に就任（後にＣＥＯとなる）。それにとどまらず、太陽光発電会社ソーラーシティを立ち上げるなど、異なる分野で成功を収めている。

彼は幼いころから好奇心旺盛で、とくに読書量が並外れていたという。小学校４年生のころには学校の図書室でも近所の図書館でも読むものがなくなり、仕方なく百科事典を読んでいたという。しかし、その面白さにはまり、膨大な知識を蓄えていった。

彼が宇宙ロケット事業に乗り出したとき、ロケットについてはまったくの素人だったが、専門書を読み漁り、エンジニアを質問責めにするなどして、瞬く間にその分野に精通したスペシャリストになることができたのも、幼いころから貪欲な知識欲を培ってきたからだろう。

もうひとつ、起業する前のエピソードをご紹介しよう。

大学時代、彼はよく新聞に目を通していたという。社会情勢に興味があったわけでも、文章力を磨こうと思っていたわけでもない。

新聞で面白そうな人を見つけては、「ランチをご一緒したいのですが、いかがですか？」といきなり電話をかけていたのだ。

新聞に載るくらいだから、企業の幹部であったり、政治家であったり、名士であったり、それなりの著名人ばかりだろう。もちろん、彼らには一面識もない。しかし、そんなことに臆することなく、平然と電話をかける好奇心と行動力。イーロン・マスクが手にした成功は、この好奇心と行動力が原動力になっていることは間違いない。

起業家と冒険家の共通点とは？
――リチャード・ブランソン　ヴァージングループ創立者

ヴァージングループは、ヴァージンアトランティック航空やヴァージンギャラクティック（宇宙旅行事業）などを擁する、世界的な多業種コングロマリットである。この企業群は、リチャード・ブランソンが英オックスフォード通り沿いに開いた小さなレコードショップからはじまった。

レコード通販などで資金をためたブランソンは、自分たちのレコードレーベルを立ち上げる。それが、ヴァージンレコードである。パンクの雄セックスピストルズと契約したことで、ヴァージンレコードは一躍世界の音楽市場に躍り出た。

その後、ブランソンは航空業界に進出し、ヴァージンアトランティック航空を設立する。英国航空業界を独占していたブリティッシュエアウェイとの競争に勝つため、ヴァージンレコードを売却して資金をねん出し、最新機材を投入して世界中の空港に乗り入れるようになった。

ヴァージンレコード、ヴァージンアトランティック航空での成功を皮切りに、ブランソンは次々に新規事業に参入していく。たとえば、携帯電話、ホテル、鉄道、金融とヴァージングループは翼を広げていった。そして、ついにヴァージンギャラクティック社で宇宙旅行事業にまで乗り出したのである。

リチャード・ブランソンは、２０００年に雇用創出と外貨獲得によるイギリス経済への貢献によりエリザベス女王からナイトの称号を授与されている。「サー・リチャード・ブランソン」、形の上では貴族になったわけだが、ブランソンには世界的な企業経営者である以外に、もう一つの顔がある。それは、冒険家としての顔である。

1987年に世界で初めて熱気球での大西洋横断に成功し、91年には太平洋横断にも成功している。59歳にしてロンドンマラソンにも挑戦し、完走も果たした。普通の企業経営者、それも世界的な経営者らしからぬふるまいである。

ブランソンは、新しい事業分野に打って出るのも、冒険をするのも共通する面があると述べている。それは、新しい刺激を受け、チャレンジ精神をかきたてるためである。

ある分野で成功をおさめると、そこは居心地のいい場所になる。スキルやノウハウを蓄積し、自分がアドバンテージを得られる場所だ。

だが一方で、**成功は衰退への第一歩**ととらえることもできる。居心地のいい場所にいることで、アグレッシブさを失い、いつの間にかポテンシャルを失っていく。

ブランソンは、それを恐れていたようだ。つまり、分野の異なる事業に次々に打って出たのも、命を危険にさらす冒険に向かうのも、心地よい場所から抜けだすためである。つねに困難な場所に身を置いて、危機感やチャレンジングな姿勢を失わないように意識しているようだ。

この姿勢から、われわれも見習うべきことが多い。人は居心地のいい場所にとどまっていると、ついついラクをしたがるようになる。リスクをとらなければいけない挑戦には尻込みするようになる。それは成長の停滞を意味する。チャレンジがない場所で、能力を伸ばしていくことはできないのだ。

裏を返して言えば、困難なことにチャレンジする姿勢を忘れなければ、人はつねに成長し前進していくことができる。リチャード・ブランソンは、その生きた見本である。

フェイスブックを成功に導いたものは何か？
――マーク・ザッカーバーグ　フェイスブック創業者

いまやフェイスブックは、全世界で17億人以上が利用するSNSに成長した。ラインやインスタグラムなど他のSNSから猛追されているが、いまだに世界を代表するSNSであることに変わりはない。

フェイスブックの時価総額も3600億ドル（2016年現在）を超え、ザッカーバーグも大富豪の仲間入りを果たした。

学生向けのコミュニケーション・サービスとして開発されたフェイスブックが、いかにして多数のユーザーを獲得し、巨大メディアとなっていったか。

会場やネットから寄せられたさまざまな質問に答える公開Q&Aで、ザッカーバーグは成功のポイントについて語っている。

その中でザッカーバーグは自分のことを、すごい人ではないし、またすごい人になる必要もないと述べている。

「超人的な能力で物事を解決する人などいないのです。では、どうやって困難を乗り越えるのか。それは周りの人の力によるものです」

カリスマ的な経営者と目されているザッカーバーグが、成功は自分ひとりのものではなく、多くの人の協力のもとに成し遂げられたと告白しているのである。

ザッカーバーグは、たくさんの創業者がいる会社は成功しやすいというデータがあるとも述べている。

「私が思うに、これは、一人でなんでもやるのは難しいということを示しています。どうやって取り組んだらいいかもわからない難問だらけなのです。メディアが誤っているのは、一人の人間がやったかのように描いてしまう点です」

なんでも一人でできるほど、万能な人間などいない。しかし、従業員や投資家、友だち、家族などに協力してもらうことで、困難を突破することができる。だから、すごい人になる必要などないのだとザッカーバーグは言う。

「自分が実現すべきだと思う理想に共感してくれる人を探し、彼らと挑み続けていくこと。それがもっとも重要なことです」

そういうザッカーバーグの言葉は、一般のビジネスマンにとっても参考になるところがあるのではないだろうか。

「才能と選択」の違いを知る

――ジェフ・ベゾス　アマゾン創業者

ネット書店として有名なアマゾンは、いまや書店という枠にとどまらない。アマゾンのサイトに飛べば、あらゆる商品がそろい、書籍はそのほんの一部でしかない。また、電子書籍リーダーや低価格タブレットのメーカーとしての顔も持つ、総合小売業者にまで成長した。

アマゾンはインターネット創世期の1995年、ジェフ・ベゾスによって創業された。アマゾンが他の小売業と異なっているのは、「顧客中心主義」や「長期的視野」を掲げ、短期的な売上げや利益の追求を行っていないことだろう。そのため、通年で赤字決算になることもあり、1997年のナスダック上場以来、株主に対して配当を支払っていない。

当初は、こうしたアマゾンの経営姿勢に対する批判も聞かれ、多くの専門家から成長に疑問符がつけられた。ジェフ・ベゾスが講演を行った大学院では、院生たちの討論会で出た結論が「アマゾンは生き残れない」というものだった。

しかし、2000年のネットバブル崩壊によって、奇しくもアマゾンの経営戦略の確かさが証明された。アマゾン自身も株価が低迷したが、90年代後半に飛ぶ鳥を落とす勢いで急成長を遂げたITベンチャーたちが次々に破綻していったのをしり目に、堅実な成長を続けていったのである。

いかなるときでもブレずに自分の信じる道を突き進んできたジェフ・ベゾスだが、彼はプリンストン大学での講演で、成功に必要なのは才能と選択の違いを知ることだと述べている。

「生まれ持った才能とは、言ってしまえば与えられたものなので努力を要しません。その反面、選択をすること、これは難しい。気をつけないと、才能は私たちを傲慢にします。そして自分の才能にうぬぼれると、正しい選択をすることができなくなってしまいます」

アマゾンを創業する前、ベゾスはニューヨークの金融機関に勤めていたという。いわゆる「ウォール街の住人」である。スノッブな連中とつきあい、それなりの高給もとっていた。

しかし、彼の頭から、インターネットの成長とネットで書店をやるというアイデアが離れない。そこで彼は上司に相談した。上司は、彼をセントラルパークへの散歩に誘い、現在の地位を捨ててまでやることかとやさしく諭したという。だが結局、ベゾスは安定ではなく、チャレンジする道を選んだ。

ベゾスは言う。

「みなさんは自分の才能をどんな風に使いますか？　これからの人生でどんな選択をしていくのでしょうか？」

自分の才能がどこにあるかを知り、そしてその才能を何に使うかを選択する。ベゾスはそれがもっとも重要なことであり、年老いて人生を振り返ったときに後悔しない生き方だというのである。

なぜ1号店を創業当時のままにしているのか?
――ハワード・シュルツ　スターバックスCEO

「スタバ」の略称で知られるスターバックスコーヒーは、日本でも多くのファンを獲得している。2015年4月、それまで唯一スタバ空白地帯だった鳥取県にも出店し、47都道府県すべてにスタバの店舗が展開された。

スターバックスを世界的なコーヒーチェーンに育て上げたのは、CEOのハワード・シュルツである。だが、彼は創業者ではない。

スターバックスは1971年、シアトルでコーヒーの焙煎業者として開業した。その取引先に勤めていたシュルツは、スターバックスのこだわりのロースト法や経営姿勢に共感して転職したのである。

コーヒー豆の買い付けでイタリアを訪れたシュルツは、良質のエスプレッソと居心地のいい空間を提供するカフェバールに衝撃を受ける。そして帰国後、オーナーにイタリアのカフェバールのような店を出店しようと提案するが、あえなく却下されてしまった。

自分のプランを捨てきれないシュルツは、退社して自らのカフェをオープン。すぐに人気店となり繁盛した。この行動力は、まさに起業家が持つバイタリティと同じものだといえる。

さらにシュルツがすごいのは、この成功を受けて投資家から資金を集め、スターバックスを買収してしまったことだ。それだけスターバックスの焙煎する豆に愛着を持っていたのだろう。

スターバックスのブランドで展開したコーヒーチェーンはたちまち好評を博し、深煎りのヨーロピアンコーヒーを持ち飲みスタイルで提供する「シアトル系コーヒーショップ」が拡大した。

現在、スターバックスは世界60カ国以上に2万店舗以上を展開する世界最大のコーヒーチェーンにまで成長した。しかし、シュルツが経営の第一線を退くと業績は下降するなど、その道は平たんなものではなかった。数年後にシュルツがCEOに復帰し、米国内の全7100店舗を一時閉鎖してバリスタの再教育を行うなどの大胆な改革を行って再び成長軌道に乗せたのである。

スターバックスの1号店舗はいまでもシアトルで開業している。この店は他の店舗と異なり1971年の開店当時の面影をそのまま残している。スターバックスのロゴマークには冠をいただいた髪の長い女性が描かれているが、じつはギリシャ神話に登場する上半身は女性で下半身は魚の怪物セイレーンがモチーフになっている。もともと初期のロゴマークには魚の下半身まで描かれていたが、ロゴが変更になるたびに下半身が隠れ、現在のマークになった。しかし、1号店には尾が二股に分かれた創業当初のロゴマークが掲げられている。

「この店には深夜にときどき立ち寄ります。原点に戻りたいとき、行きたくなる場所なのです」とシュルツはインタビューで語っている。

原点を忘れない。優秀な経営者やビジネスマンは、よくこの言葉を口にする。なぜ、この仕事を選んだのか？　何を目標にしてきたのか？　そのとき、自分はどうなりたいと思っていたのか？

すべての出発点はそこにある。できるビジネスマンほど、原点を大事にし、ときおりそこに立ち返って、現在の自分をチェックしている。

さて、あなたは仕事における自分の原点を憶えているだろうか？　そして、原点で思っていたことを達成できているだろうか？

馬鹿げた夢を追い続ける

――ラリー・ペイジ　グーグル創業者

グーグルのミッションは、「世界中の情報を整理して、世界中の人がアクセスできるようにすること」である。

このアイデアは、当時ミシガン大学の学生だったラリー・ペイジの夢から生まれた。「もしもウェブのすべてをダウンロードすることができたら……」

夢の中で突然そう思いついたペイジは、飛び起きてアイデアをひたすらメモにとった。そうしなければ、翌朝にはすべて忘れ去っていると思ったからである。

ふつうならこんな馬鹿げた夢は実現できっこないと思って放っておくことだろう。しかし、ラリー・ペイジはそうしなかった。

セルゲイ・ブリンという盟友を得て、画期的な検索エンジンを開発するのである。それがグーグルである。いまや世界中のデータセンターに100万台以上のサーバーを配し、もっとも利用されるインターネット検索サービスとしての地位を築いている。

また、ネット関連分野だけではなく、ロボットカーや人工知能、はたまた不老不死の研究まで、さまざまな分野に巨額の投資を行って新しい成長事業を探っている。

各分野の最先端をいくグーグルについて、ラリー・ペイジは「**ミスをおかせる会社にしたい。ミスをおそれて何もできないのではなく、迅速に行動してたくさんの成果をあげる企業にしたい**」と述べている。

また、「**ミスをおかさないのは、必要なリスクをとっていないということだ**」と言って、イノベーションとリスクを強く推奨している。

失敗はさまざまなことを教えてくれる。何もせず失敗しない人より、頻繁に失敗しながら、試行錯誤を繰り返している人のほうが、知識と経験が蓄積され、成功へ近づいていくというのである。

多くの成功者も、失敗の重要性を説いている。失敗から学ぶことで、成功の階段を昇ることができたと述べている。

どれだけ生産的な失敗ができるか。失敗を嘆くのではなく、そこから教訓や知識を学び取ることができるか。それが重要なのだ。

失敗をおそれるのか、おそれないのか——それが仕事のできる人とできない人を分ける分水嶺かもしれない。

不運だからこそつかめるチャンスもある
——ジャック・マー　アリババグループ創業者

アリババグループをご存じだろうか。B2Bサイトの「アリババ・サイト」やアジア最大のEコマースサイト「タオパオ」、オンライン決済サービス「アリペイ」、「中国版Yahoo!」などを展開する中国最大のIT企業である。

まだ創業間もない時期にその将来性を買い、孫正義氏率いるソフトバンクが多額の投資を行ったことでも知られる。また、2007年には香港証券取引所に上場し、当時世界最大規模の2兆円を超えるIPOに成功した。

アリババを創業したのは、ジャック・マー（馬雲）。大学の英語講師から起業したという変わり種だ。たまたまアメリカで出会ったインターネットに可能性を感じ、周囲の反対を押し切ってネットビジネスに乗り出したのである。

大きな成功を収めたジャック・マーだが、彼は自分の人生を振り返って失敗の連続だったという。高校の入学試験に2度落ち、やっとの思いで大学進学を果たした。また、ホテルのウェイターの採用面接を受けたとき、つきそってくれたいとこが受かり、本人は落とされてしまった。その理由は「いとこは体が大きくハンサムだが、ジャック・マーは背も小さく貧相だから」というもの。

そんな体験をしてきたジャック・マーは「人生は不公平なもの」だということを身に染みて感じてきたと著書の中で述べている。

「そもそも世界が公平であるはずがない。ビル・ゲイツの家庭に生まれた子供と、農村に生まれた君を比べることができるか？　だが、一つだけ公平なことがある。それは、ビル・ゲイツの1日は24時間で、君の1日も24時間ということだ」

ジャック・マーはあきらめなかった。「あきらめることが最大の敗北」と知っていたからである。

「むしろ貧相で、運がなかったことが幸いしたのかもしれない」と、あるインタビューでジャック・マーは述べている。**「人よりダメだったからこそ、努力するしかなかった。あきらめたら逆境を受け入れることになる。だから、しつこくあきらめずにがんばったのさ」**

人生に運不運はつきものだ。それを承知したうえで、どう考えるかが結果を出す人と出せない人の分かれ道になる。

「ああ、自分はなんて運がないんだ」と嘆いているだけでは、何も変わらない。「いつかは自分にも運は向いてくる」と信じて、チャンスを探している者が何事かを成し遂げることができるのだろう。

理想、現実、不安、悩み、すべてノートに書きつける

——柳井正 ファーストリテイリング会長兼社長

日本のカリスマの成功習慣も参考にしてみよう。大成功を遂げたカリスマ経営者として真っ先に思い浮かぶのは、ユニクロを展開するファーストリテイリング会長兼社長の柳井

正氏だ。

　ユニクロの原点は、柳井氏の父・柳井等氏が山口県宇部市に開業した「メンズショップOS」にある。正氏は広島にカジュアルウェアの「ユニーク・クロージング・ウエアハウス」を開店。この店の略称が、現在のユニクロ・ブランドになっている。

　小さな衣料品商社であったユニクロが飛躍を遂げたのは、柳井正氏が経営者になってからである。中国の優良工場と提携し、低価格・高品質な商品を展開し、フリースの大ヒットをきっかけにして一気に全国区へと上り詰めた。以降のユニクロの快進撃は、ここで詳しく述べるまでもないだろう。日本国内はもとより海外にも積極的に進出し、ファーストリテイリングは1兆8000億円に迫る売上高を誇る。

　街の衣料品店を巨大企業にまで育て上げた柳井氏が、ずっと続けている習慣が、ノートに思いを書きつづることだという。

　どういう人間になりたいのか、どのようなことを実現していきたいのか、どれだけ社会に貢献できるのか、そんな夢や理想を少しずつ書いてきた。

　また、夢や理想ばかりでなく、不安や悩みも記してきたという。血反吐を吐きそうな不安に襲われても、文字にすることで状況を客観視することができ、形のないもやもやがはれたと柳井氏は語っている。

夢や理想をノートに書くことを習慣にしている経営者は他にもいる。なかでもＧＭＯ代表の熊谷正寿氏の『一冊の手帳で夢は必ずかなう』は有名だ。

おそらく彼らは、自分で文字に書きつけ、それを何度も読み返すことによって潜在意識に願望を強く刷り込んでいるのだろう。成功への強い願望が無意識の領域まで浸透したとき、思考や行動はその実現に向けて動き出すにちがいない。

真似してみる価値はありそうだ。

毎日ひとつ、ビジネスアイデアを考える

――孫正義　ソフトバンクグループ社長

最後に、ソフトバンクの孫正義氏をとりあげたい。

ソフトバンクの偉業については、あらためて説明するまでもないだろう。ただ一つ言えることは、ソフトバンクのビジネスが日本のインターネット環境を確実に変えたというこ

とである。ネット接続料を大幅に下げ、誰でもインターネットにつながるような環境を築いたソフトバンク革命がなければ、日本のネットビジネスはこれほど発達していなかったはずである。

あるインタビューで、「成功習慣は何か」と尋ねられると、孫氏は**「目標や計画をたて、執念でやり抜くことかな?」**と答えている。

これまでの孫氏やソフトバンクの歩みを見ていると、まさに目標や計画を執念でやり抜いてきたことにうなずけるが、孫氏の場合は行動を持続する執念がすさまじい。それは、ビジネス以外の分野でもしばしば発揮されるようだ。

たとえば、ゴルフ。ゴルフがうまくなるために、孫氏は何をしたか。どのプロゴルファーのフォームがきれいかをゴルフ通に聞き出し、そのプロのレッスンビデオを毎日見続けてフォームを頭に叩き込んだという。

さらに、1年目で90台、2年目で80台、3年目で70台のスコアを達成すると目標を定め、猛特訓を行った。その目標に届かず、悪いスコアを出してしまったときは、真冬でもラウンドが終わった後に水風呂に浸かった。悪いスコアのときは、そうして各ホールの反省をすると決めていたからである。

遊びといっては失礼だが、余暇の分野でもこの執念である。ビジネスに向かう際の孫氏の執念はまさに常人を寄せ付けぬものがあるにちがいない。

ここまでの執念を真似するのは困難だが、ビジネスセンスを高めるために孫氏が若い頃から行ってきた習慣は、私たちにも参考になるかもしれない。それは、毎日最低一つはビジネスアイデアを考えだすというものである。

どういうことがビジネスになるかを考えていると、自然とビジネスアイデアの成否を判断でき、実現までの道筋も見えてくるようになるという。

孫氏ほどの持続する執念を持ち合わせていない凡人にとっては、毎日ビジネスアイデアを出すのはきついかもしれないが、毎週一つならやれないことはないだろう。まずは、そこから実践してみるのはどうだろうか？

参考文献

『マーク・ザッカーバーグ 史上最速の仕事術』桑原晃弥(ソフトバンククリエイティブ)／『99%のムダをなくし、最速で仕事をする人の習慣』山本憲明(PHP研究所)／『96%の人がやっていない 稼ぐ人の常識破りの仕事術』北岡秀紀(アスコム)／『起業家のように企業で働く』小杉俊哉(クロスメディア・パブリッシング)／『成功者の告白』神田昌典(講談社)／『起業して3年以上「続く人」と「ダメな人」の習慣』伊関淳(明日香出版社)／『20代の起業論』榊原健太郎(ダイヤモンド社)／『起業家に必要なたった一つの行動原則』福島正伸(ダイヤモンド社)／『独立成功のカギ』武沢信行ほか(ミラクルマインド出版)／『躍進する若手起業家15の挑戦』ブレインワークス編著(カナリア書房)／『大前研一のアタッカーズビジネススクール』大前研一・著、アタッカーズビジネススクール・編(プレジデント社)／『しあわせを掴む起業のカタチ』日野佳恵子(ダイヤモンド社)／『IT起業家10人の10年』滝田誠一郎(講談社)／『アントレ』(リクルートホールディングス)／『フォーブス・ジャパン』(プレジデント社)／『プレジデント』(プレジデント社)／『ビジネスチャンス』(ビジネスチャンス)

編集協力▼坂爪一郎
本文デザイン・図版作成・DTP▼伊延あづさ・佐藤純（アスラン編集スタジオ）

青春新書
PLAYBOOKS

人生を自由自在に活動《プレイ》する

人生の活動源として

いま要求される新しい気運は、最も現実的な生々しい時代に吐息する大衆の活力と活動源である。

文明はすべてを合理化し、自主的精神はますます衰退に瀕し、自由は奪われようとしている今日、プレイブックスに課せられた役割と必要は広く新鮮な願いとなろう。

いわゆる知識人にもとめる書物は数多く窺うまでもない。

本刊行は、在来の観念類型を打破し、謂わば現代生活の機能に即する潤滑油として、逞しい生命を吹込もうとするものである。

われわれの現状は、埃りと騒音に紛れ、雑踏に苛まれ、あくせく追われる仕事に、日々の不安は健全な精神生活を妨げる圧迫感となり、まさに現実はストレス症状を呈している。

プレイブックスは、それらすべてのうっ積を吹きとばし、自由闊達な活動力を培養し、勇気と自信を生みだす最も楽しいシリーズたらんことを、われわれは鋭意貫かんとするものである。

―創始者のことば―　小澤和一

編者紹介

㊙情報取材班

人の知らないおいしい情報を日夜追い求める、好奇心いっぱいのジャーナリスト集団。

あらゆる業界に通じた幅広い人脈と、キレ味するどい取材力で、世の裏側に隠された事実を引き出すことを得意としている。

本書では、彼らがこれまでの取材を通してつかんだ、起業家やビジネスエリートたちの「秘密の習慣」を大公開！　読むだけでたちまち「できる人」に変わるヒントが満載の一冊。


取材班《しゅざいはん》がこっそり掴《つか》んだ！

最速《さいそく》で結果《けっか》を出《だ》す人《ひと》の秘密《ひみつ》の習慣《しゅうかん》　青春新書 PLAYBOOKS

2017年3月5日　第1刷

編　者　㊙情報取材班《まるひじょうほうしゅざいはん》

発行者　小澤源太郎

責任編集　株式会社プライム涌光

電話　編集部　03(3203)2850

発行所　東京都新宿区若松町12番1号 〒162-0056　株式会社青春出版社

電話　営業部　03(3207)1916　振替番号　00190-7-98602

印刷・図書印刷　製本・フォーネット社

ISBN978-4-413-21081-2

青春新書
PLAYBOOKS

人生を自由自在に活動する——プレイブックス

ゴルフ 読むだけで迷いなく打てる
パッティングの極意

永井延宏

あなたの「1パット圏内」が読むだけで広くなる！

P-1060

引きずらないコツ

和田秀樹

不安、イライラ、人間関係、他人の言葉……感情のザワつきが一瞬で消える。

P-1061

「敬語」と「マナー」は一緒に覚えるとうまくいく！

知的生活研究所［編］

「正しい敬語」でも「マナー違反」で恥をかいてはもったいない。これ一冊で大人のふるまいをマスター！

P-1062

自分の中から「めんどくさい」心に出ていってもらう本

内藤誼人

やる気や集中力は生まれつきじゃない！ ちょっとした仕掛けで自分を変える本

P-1063

お願い ページわりの関係からここでは一部の既刊本しか掲載してありません。折り込みの出版案内もご参考にご覧ください。

青春新書
PLAYBOOKS

人生を自由自在に活動する——プレイブックス

老けない血管になる腸内フローラの育て方	見てすぐできる!「開け方・閉め方」の早引き便利帳	アブない心理学	美脚のしくみ
池谷敏郎	ホームライフ取材班[編]	神岡真司	南　雅子
腸が健康になれば、血管も若返ります! テレビで大好評、〝血管先生〟の最新刊	こんな方法があったのか! 暮らしの「困った…」が次々解決!!	ケタ違いに相手の心がわかる! 動かせる! 知らないと損をする心理テクニックの決定版	O脚、下半身太り、足首が太い、扁平足、外反母趾…脚の悩み、この一冊で全て解決します!
P-1064	P-1065	P-1066	P-1067

お願い　ページわりの関係からここでは一部の既刊本しか掲載してありません。折り込みの出版案内もご参考にご覧ください。

青春新書 PLAYBOOKS

人生を自由自在に活動する――プレイブックス

できる男の老けない習慣

平野敦之

〈見た目〉と〈活力〉のカギを握る
2つの「男性ホルモン」を
活性化する方法

P-1068

やってはいけない山歩き

野村　仁

準備、装備・持ち物、歩き方、
情報の使い方。……安心して山を
歩ける基本をコンパクトに解説！

P-1069

無意識のパッティング

デイブ・ストックトン
マシュー・ルディ

ミケルソン、マキロイを
メジャー制覇に導いた
「パッティング・ドクター」が伝授する

P-1070

「集中力」を一瞬で引き出す心理学

渋谷昌三

心の使い方を少し変えるだけで、
「質」と「スピード」は
劇的に高まる！

P-1072

お願い　ページわりの関係からここでは一部の既刊本しか掲載してありません。
折り込みの出版案内もご参考にご覧ください。

青春新書 PLAYBOOKS

人生を自由自在に活動する――プレイブックス

手間をかけずに鮮度長持ち！
食品保存 早わかり便利帳

ホームライフセミナー［編］

小分け、丸ごと、冷蔵、冷凍…
あなたの生活に合った
便利な保存法が選べる決定版

P-1073

外国人がムッとするヤバイしぐさ

ジャニカ・サウスウィック
晴山陽一

OKサイン、鼻をすする、
首をかしげる、乾杯…
うっかりやっていませんか!?
知らずにいると痛い目に！

P-1074

常識が変わる
スペシャルティコーヒー入門

伊藤亮太

そもそも「スペシャルティ」って何？
――〝最高の一杯〟に出会うための、
日本屈指のプロによる特別講座

P-1071

すぐ始めてちゃんと続けるにはコツがある

知的生活追跡班［編］

「つい、動きたくなる」
具体的で実践的なコツを大紹介！

P-1075